# はじめに

税理士新聞に掲載するために毎月3つの原稿を執筆してきた。誰もが語っていない視点を語る。そのつもりで税理士業務に関する知識と気付きを書き連ねてきた。仕事で疲れたときに読んでいただく一文であり、仕事へ向き合うについて読んでいただきたい一文であり、上手に人生を築くための一文と心がけてきた。

『税理士のための百箇条』、『続・税理士のための百箇条』、『続々・税理士のための百箇条』に続く4冊目の「百箇条」なのだが、前の3冊とは大きく異なるところがある。日常から始まった執筆が、「中国の風土病」から、クルーズ船の隔離の騒ぎになり、あっという間に日本の緊急事態宣言になってしまった。

感染理由も、治療法も、重症化の理由も分からず、日本も、医療崩壊をしたイタリアと同じになってしまうという危機感から始まったコロナ禍だが、その後、最初の山を越えて落ち着きを取り戻し、それと同時にコロナがサイトカインストームに基づく血栓症であることが解明され、標準的な治療法が開発された。しかし、第5の山ではウイルスの変異の重症化と医療崩壊が騒がれるなど終わりの見えない状況が続いている。

学生は通学が認められず、サラリーマンはテレワークが奨励される。そしてテレワークの便利さが強調され、コロナ後においても元には戻らないなどと語られている。世界に誇れる医療制度があり、人口比で米国の25分の1しかいない重症者で医療崩壊する日本の医療。ＧＯＴＯキャンペーンで日本中にコロナを広げてしまった政治の無策。そうであるのに上昇を続ける株価と、暴落しない地価。そのような時代を経験しながら、コロナとは何か、テレワークとは何かを書き連ねてきた。

そのような分析をして、記録しておかなければ、私たちがコロナ禍の時代にどのような思いで生活していたか、それが後の時代にどのような影響を与えたか、後に思い返したときに、どれほどの勘違いがあったのか、それが検証できなくなってしまう。いま昭和のバブルの熱気を語れる人たちはいない。その意味で本書が同時並行的に現在の歴史を語った一冊になってくれるかもしれない。

いや、そんなことを考えずコーヒータイムに任意の一文を読んでいただけたら嬉しい。税法という理屈、税理士業務という実感、依頼者の財産管理という人生を直接に扱う税理士。そのような仕事をするための一文だ。共感してもらえる一文もあり、批判を受ける一文、反感を感じる一文もあると思う。しかし、それは筆者の希望するところであり、ぜひ、知識としてではなく、好き嫌いという感情で読んでいただけたらと思う。

令和3年9月

税理士・公認会計士・弁護士　関根　稔

# 目次

# 税理士のコーヒータイム

税理士のための百箇条　第４弾

# 第1 デジタルの時代、アナログの時代

この10年、20年は、まさに、デジタル革命の時代だった。それ以前の情報のほとんどはアナログだった。ラジオも、テレビ放送もアナログの電波を受け取り、電話線や、海底ケーブルを流れる情報もアナログだった。電球、蛍光灯、テレビのブラウン管などもアナログで、それを製造する設備もアナログだった。私たちの仕事でもFAXや、印刷された情報、書籍化した出版物で溢れていた。

アナログ情報を理解し、再利用する場合は、また、そこで情報媒体を製造しなければならない。そして、そこにこそ、知識や職人の技が要求された。電球、蛍光灯、ブラウン管など、アナログ的な誤差を許す商品の製造には、職人の技と積み重ねてきたノウハウが必要だったからだ。

しかし、この10年、20年で、ほとんどの知識と商品はデジタル化してしまった。

パソコン、スマホ、テレビなど、多様な商品はデジタルの技術で作られる。ブラウン管は液晶パネルになり、電球や蛍光灯はLEDになるなど、職人の技も、積み重ねたノウハウも不要な社会が実現してしまった。デジタル情報さえ持ち出せば、技術の蓄積のない東南アジアでも、近代国家が100年かけて作り上げたものに遜色のない製品が造れてしまう。

メールや、ネットを流れる情報もデジタル化し、アナログ情報を伝達する郵便や電話、FAXは激減してしまった。書籍などのアナログ情報は伝達媒体の数に比例した製造コストを要したが、デジタル情報は限界

コストゼロの社会を作り出した。コピー&ペーストで再利用することで利用者も時間を節約することができる。

デジタル革命というべき状況で、さらにデジタル化が進み、わずかに残ったアナログ情報は駆逐されていくのだろう。エンジンで動く自動車からモーターで動く自動車に、オフィスに出掛けて行う作業から場所を問わない働き方にデジタルの時代が進化していく。

教会の奥底にしまわれていた手書きの聖書が、グーテンベルクが実用化した活字印刷によって一般市民にも読めるようになり、それが宗教革命のきっかけになったように、専門家に独占されていた知識は、いまGoogleによって誰にでも閲覧可能になっている。いま必要な知識を専門書で調べる回数に比較し、Googleで検索する回数は数倍だと思う。自分の病気に関する知識は医者よりも患者の方が詳しいかもしれない。

しかし、逆に、そのような時代にも、アナログの発想を必要とすることが求められるのが専門家が活躍する場面だ。

裁判官との面接に米国の弁護士に立ち会ってもらったことがあるが、彼は、「禅問答のようで意味が分からない」と感想を述べていた。それは税理士と税務職員との会話(駆け引き)でも同じだ。売上の計上漏れの会話をしながら、実際には、ある程度の修正項目が欲しい税務職員と、それ以上の調査を進めることによって予想しない否認項目が出現することを恐れる税理士の本音の会話が隠されている。

デジタル革命、IT、AI、ディープラーニングの進化で禅問答が駆逐されていくのか、逆に、そこが人間の生きる道なのか、自分を磨く以外に生き残る道はない。

## 第2　税法を理解する

税法を理解する。これが私たちの仕事だが、同じ風景でも、見ている者によって、見え方は全く違うのだと思う。税法を条文で理解する人たち、条文の中に書かれた要件で理解する人たち、理屈で理解する人たち、税法の相互の整合性で理解する人たち、好き嫌いで理解する人たち。そして、私は美意識で税法を理解する。美しい理屈は好きになれるし、矛盾した理屈が登場したら落ち着かない。理屈に収まらない要件は記憶できない。ただ、矛盾すると思える条文も、その答えを見つけてしまえば、それこそが税法という理論の美しさが見えてくる。しかし、残念ながら美しさが発見できない税法もある。

仮に、納税猶予制度は、いくら詳細な要件を並べても、整合性としての美しさが語れない。組織再編税制は、立法技術の稚拙さが目立ち、税法理論の美しさを傷つけている。嘘で始まった消費税法は、嘘を、嘘と語らずに理屈を語るという、こじつけの理論の虚構性が目立ちすぎる。この3つの税法の特徴として、要件を精緻にしていけば精緻にするほど、意味が分からなくなってくるところが共通する。よくできた理屈はシンプルで美しい。所得税法59条と60条は、たったの2条でいくつもの所得税法の基本原理を説明している。

税法の理解には多様な役回りの人たちが存在する。「第1号から第7号までに掲げる金額の合計額から当該法人の過去事業年度の第8号から第14号までに掲げる金額の合計額を減算した金額」という条文を読み解く人たちがいてこそ成り立つのが、この業界だ。誰でも、自分の得意な方法で税法を理解すればよい。

私のように条文の文字を読み取るのが不得手な専門家も存在する。制度の趣旨を理解してから読めばよくできた条文だと思うが、条文から制度の趣旨を読み取るのは難しい。法人税を納税する社長に読んでもらうための条文とは思えないし、社長に説明する場合も条文の理屈だけでは理解してもらえない。

税法という共通言語で、お互いが口にする言葉は同じでも、その前提の思考方法は各人によって異なる。だから、納税猶予制度に詳しい税理士が登場し、組織再編税制をよくできた税法と論じる税理士も登場する。これほどに多様な理解の仕方がある分野は珍しいと思う。皆、それを意識せず、誰もが自分と同じ認識方法で税法を理解していると思っている。

だから、「なぜ」と問う会話をしてみると面白い。その「なぜ」の答えが彼の思考方法を教えてくれる。条文を示し要件を並べる人たち、理屈を説明する人たち、税法の原理原則を論じ、そこから答えを導く人たち、多様な適用事例を比較し、整合性を説明する人たち。

同じ景色を見ていても、各々が考えることは全く異なる。それが税法というフィルターを通してみた各人の思考方法の多様性だ。議論すれば、税法の理解と共に、人間の思考方法についての理解が深まる。なるほど、そのような思考方法で税理士試験に合格したのだと。ぜひ、隣の同僚と税法を論じてほしい。税法ほど面白い思考方法は存在しない。ただ別表を印刷しているだけでは勿体ない。

# 第3　成年後見、任意後見、信託

高齢化の時代、認知症に備えて財産管理の方法を検討しておかなければならない。その選択肢が、成年後見、任意後見、信託の3つだ。相談に応じる場合の資料としてメリットとデメリットを整理してみた。

成年後見制度では、財産管理は、法律に基づき、利益相反規定に基づいて厳しく制限される。成年後見人に弁護士などの専門家が就いた場合はもちろん、家族が成年後見人になった場合でも、裁判所への報告事項として財産管理は厳しく監視される。任意後見人の場合なら、生前の契約（内容の決定）が可能だが、任意後見事務が実際に発動するのは後見監督人を選任した後であり、そして後見監督人には裁判所によって選任された弁護士などの専門家が就任する。

相続が開始すれば、法定相続分を請求するのが成年後見人の義務であり、遺言書が作成されている場合なら遺留分の侵害額の請求をするのが成年後見人の義務だ。そして、専門家には財産額に応じて月額2万円から5万円程度の成年後見人報酬が支払われる。

政府の広報活動では成年後見制度の利用が推薦される。しかし、成年後見制度について論じる書籍は、ことごとく成年後見制度の利用は避けるべきだと論じている。成年後見人（身内以外の後見人）の報酬は眠り口銭というのが多くの成年後見制度の実態で、死ぬまで成年後見人に報酬を支払い続ける必要がある。成年後見制度の利用は人生における失敗の筆頭項目に並ぶと思う。

成年後見制度に代わる手段として家族信託が奨励されている。しかし、銀行口座の管理など面倒で、所有する不動産の売却も難しくなってしまう。受託者名義の不動産を不安を感じずに買い取れるほど信託の知識は一般化していない。信託財産を担保に差し入れて融資を受けるのも難しく、信託財産が賃貸業に供されていた土地建物なら、信託財産内で生じた欠損は事業年度毎の切り捨てになってしまう。

では、長寿化の時代、どのような管理の方法が良いのか。成年後見制度が採用される前から、あるいは信託制度が登場する前から、庶民は、庶民の知恵で生きてきた。家庭内に裁判所の判断を入れ、あるいは信託などの法律を利用することは庶民の生活には似合わない。実務の長い歴史は多様な事象への対応の手段を開拓している。

仮に、賃貸物件であれば同族会社に賃貸し、同族会社が転貸するようにしておけばよい。相続人が代表取締役に就任し、賃借人との契約や交渉、いざという時の裁判手続は代表取締役が行う。預金の管理なら、預金を家族名義に分散しておくことや、事実上の信託譲渡として家族名義に変更しておく方法がある。いわゆる名義預金であって、そのことをもって贈与税が課税されることは想定されない。さらにはインターネットバンキングを開設してＩＤとパスワードで預金が移動できるようにしておく方法だ。それらに対応できない資産は相続時精算課税制度を利用して生前に贈与してしまえばよい。全ての知恵は税理士の実務の中にある。新しく登場した知恵に頼るよりも、既存の知識を掘り起こした方が予測可能で、安全な処理ができる。庶民の知恵は偉大なのだ。

# 第4　死んだ後のことを考える

相続税対策。

誰が、そんなことを考えているのだろう。私の場合なら相続税対策など全く考えていない。死んだ後の相続税額などに興味はないし、そのために行動を起こす意味もない。では、相続税を自分で負担する子供たちが行動するのか。しかし、子供たちが私の財産に口出しすることはあり得ない。もし、私が考えるとすれば、子供たちには管理できない賃貸物件を、相続前に換金化しておくことだが、それだって現実的なテーマとして検討したことはない。

誰が遺言書を作成するのだろう。

私の場合なら遺言書の作成など全く考えない。私が死んだ後の財産の分配など興味もないし、誰に、何を渡すかなど考えたこともない。死んだ後にまで財産に未練を残すのは無駄なことだ。妻の人生には責任があるので、書くとしたら「全財産は妻へ」だろう。居宅にも、賃貸物件にも小規模宅地特例が適用されて、かつ、1億6000万円までは非課税なのだから、それを超えた分の相続税が発生しても、ゆとりを持って納税することができるはずだ。第2次相続の相続税など考えても意味はない。

相続財産を承継する子供たちの立場で考えたら景色が違うのだろうか。私が相続人の立場だったら、遺産分割の場に、ドロローンと死んだ親父が現れて、遺産分割に口出しをしたら、おりんを鳴らして、成仏してくれとお引き取り願うと思う。生きている者が話し合えばよいのであって、そこに死んでしまった親父に登場してもらう必要はない。

弁護士業では、遺言書を作成する人たちを大量に見てきた。自分が遺す相続財産だから、その行方も支配したいと思う人たちだ。自分の財産を親不孝の息子や、憎き息子の嫁の生活には使わせたくない。しかし、死ぬまで誰かに恨みを残し、死んだ後まで誰かに嫌がらせをする。それは最大の不幸ではないか。それでも死ぬ直前に、本当は自分が間違っていた。息子も、息子の嫁も本当は良い子たちだった。仲良く生活している夫婦に不満を持ち、私1人が家庭内に不満と不幸をまき散らしていたと気付くのは、本人には、もっとも不幸なのだから、そのまま恨みをもって死んでいく方が本人は幸せかもしれない。

さらに付言などというみっともない文章を残す人たちもいる。しかし、親父の文章に涙し、納得する息子たちだったら、それこそ遺言は不要だろう。遺言で差別されるのはお前の責任だと書き残されて納得する相続人はいない。

そのような遺言書を大量に見てきたし、数多く作成してきた。仮に、長男が父親に書かせた遺言だとしても、父親が公証人の面前で、それが自分の意思だと申し述べるのなら、弁護士には関係のない話だ。それこそ、「これは私の本心ではない」と公証人の面前で言い出されたら恥をかくのは弁護士だ。

資産税を担当するのに必要なのは財産、経験、年齢なのだと、この頃は思う。知恵とテクニックを指針として生きている若者が、経験を積み、財産を蓄え、年齢を経て成長していく。相続税対策や遺言書の作成についての視点も年齢と共に成長するのだと思う。それを楽しめるのが資産税という分野だ。他人の人生を教訓に、自分の人生を成長させればよいと思う。

## 第5　相関関係と因果関係の違い

米国立がん研究所が行った疫学的調査で、コーヒーの摂取量が多いと死亡リスクが低下することが分かったそうだ。コーヒーを全く飲まない人に比べて1日8杯以上飲む人は死亡するリスクが14％低く、1日6〜7杯を飲む人はリスクが16％低かった。

これは英国の地域住民を対象とする成人49万8134人（平均年齢57歳、女性54％）を対象にした2006年から2016年までの追跡調査で、対象者の78％にはコーヒーを飲む習慣があったそうだ。

いま、医学の分野では疫学的な調査しか信頼されない。大量のサンプルを利用して事象の頻度と分布を調べ、そこから相互に影響を与える要因を抽出する調査方法だ。医薬にしても、それが機能する理由は解明されていない場合が大部分だ。要するに、理由は不明だが、大量のサンプルを利用した疫学的な調査において薬効があったので医薬として使われている。

コーヒーと死亡率も因果関係が証明された事実ではない。コーヒーが原因になって死亡リスクが減ったのか、あるいは、1日に6杯のコーヒーを飲むゆとりのある人たちは生活レベルが高く、それがために死亡リスクが低いのか、コーヒーを飲まない人たちは、逆に、ジュース、コーラ、ビールを飲む人たちが多いために死亡率が高いのか。

いま、コンピュータが人間の能力を超えると騒がれているシンギュラリティ、ディープラーニング、ビッグデータ、機械学習などのデータ処理は相関関係の発見で成り立っている。多様な生活習慣というデータをコンピュータに与えて、その中で長生きした人たちに見受けられる生活習慣を探す。つまり、コーヒーを飲む人たちだ。

それらに比較し、法律、特に、税法は、全てが因果関係で作られている。高額所得者には、割高の所得税率を適用するという超過累進税率は、まさに因果関係の適用事例だろう。高率の所得税率を適用すれば高額所得者になれるという逆の因果関係は存在しない。

当たり前のことだと笑われてしまうが、ところが税法業界には、税法の因果関係を解明せずに、税法を相関関係として理解する人たちが多いのだ。再編時に完全支配関係が存在し、その後、継続保有の意思があれば適格組織再編とみなす。これは逆の説明も可能だ。つまり、適格組織再編とは、再編時に完全支配関係が存在し、その後、継続保有の意思がある場合だと。「なぜ」という因果関係、つまり、立法趣旨を求めない税法の理解は、それで実務が通るから良いではないかという要件の存否だけを議論する思考停止の発想になってしまう。要件をチェックリストで思考するのは公認会計士の得意技だが、それでは青色欠損金の承継に5年超の支配関係を要求した理由も、継続保有の意思が要求される理由も説明できない。

ＡＩに頼るまでもなく、Googleで検索すれば大量のビッグデータが手に入る時代だ。因果関係を解明する努力を放棄し、相関関係に頼る人たちはシンギュラリティによって駆逐されてしまう。私たちは、税法、そして人生の因果関係を解明し続けなければならない。

## 第6　目的外使用を許す

税法上の各種制度が目的に沿って利用されるのは当然だ。しかし、ときには目的外に使用され、それが有効に機能してしまうところが税法の面白さだ。

相続時精算課税が目的外に使用されたことがある。父親がバブル時に5000万円で取得した土地が、いま2000万円に値下がりしている。これを相続時精算課税を利用して子に贈与すれば、含み損3000万円が子に移動できてしまう。それを売却して譲渡損を実現すれば、他の所得と通算することで子は節税ができてしまう。これが理由になって、今は土地建物の譲渡損益と他の所得との通算は禁止されている。しかし、今でも土地建物の中での通算は認められている。譲渡益が生じる土地を処分する場合は、父親がバブル時に購入した土地の贈与を受けて同時に売却すればよいと思う。

教育資金信託も節税に利用されている。信託銀行を訪問して相談し、2人分の資金3000万円を預けたが、手続を終える前に相続が開始してしまった（東京高裁平成30年2月14日判決）。おそらく余命宣告をされた後の駆け込みの手続だったのだと思う。もし、元気なうちであれば、必要に応じて、その都度、大学の入学金など孫の教育費を支払ってあげればよい。

余命宣告されてからこそ利用すべきが教育資金信託だが、そのためか平成31年の税制改正で、相続時に受贈者が23歳未満である場合を除き、相続時の信託財産の残額を相続又は遺贈により取得したものとみなすと改正されてしまった。贈与者は受贈者が23歳になるまでに死んでしまわなければならない。長寿化の時代なのだから、余命宣告されてからの利用は、孫でなく、ひ孫、玄孫に対する贈与にした方が良い。

20年以上の婚姻期間のある配偶者への居宅の贈与は、配偶者の居宅の確保として導入された制度だ。そして、これが民法903条（特別受益者の相続分）でも採用された。婚姻期間が20年以上の夫婦が居住の用に供する建物や敷地を贈与したときは、その贈与については持ち戻しを免除し、特別受益財産に含めないことにした。

おそらく、民法を議論する人たちは、相続財産から2000万円が除外できる制度なのだから、誰もが利用していると考えたのだろう。しかし、この制度が本来の用途で使用されることは希だと思う。登録免許税と不動産取得税を負担してまで生前に贈与しなくても、相続であれば小規模居住用宅地特例と、1億6000万円までの配偶者の相続税額の軽減が適用される。では、どのような場合に、この制度が利用されるのか。おそらく、譲渡を予定した場合、つまり、居住用家屋を譲渡する場合の譲渡所得控除3000万円を2人分について利用するための贈与だ。あるいは倒産を予知した経営者が、詐害行為などと主張されないための充分な余裕のある時点で、倒産隔離のために自宅を妻に贈与してしまう場合かもしれない。

新しい税制が導入されると盛り上がるのが、この業界だが、その祭の呼び物は新設された制度の目的外使用という掘り出し物だ。最近の掘り出し物は配偶者居住権の目的外使用だと思う。

## 第7 お医者さんはいらっしゃいますか

「実施していただいた機内医療行為によって、医療行為を受けられたお客様に対する損害賠償責任が発生した場合、故意または重過失の場合を除き、ＡＮＡが責任をもって対応させていただきます」

これがＡＮＡのホームページに掲載されているそうだ。

「お医者さんはいらっしゃいますか」とアナウンスがあったが立ち上がるのに躊躇した。勇気をもって立ち上がったが、既に、白髪の医師が聴診器を持って治療していたので安心した。そのような、小児科医のコラムが紹介されていたが、私も、同じような心境だ。

医者は、自分の診療科目を離れれば素人同然。最近、私は訴訟行為について、素人同然の弁護士だ。

「弁護士さんはいますか」と声をかけられても手を挙げる勇気がない。

しばらく訴訟から離れているために、訴訟手続よりも、訴訟手続に至る前にドキドキしてしまう。訴訟自体は私が担当しても大丈夫だろう。裁判手続は変化し続けている。しかし、10年前の判決を「最近の判例」という業界だ。税法改正1年分をサボってしまったら田舎暮らしをしたのと同じ、3年分をサボったら浦島太郎になってしまう税法業界とはスピード感が全く違う。

私が治療行為より先にドキドキしてしまうのは１００点が取れないのが弁護士だからだ。仮に、損害賠償請求1000万円について平均回収率はいくらだろうか。勝訴するか否かの確率は一部勝訴を含めても70％だろう。何しろ被告も30％程度は勝訴するのだ。そして勝訴判決を得ても債権が回収できるとは限らない。被告になるのは支払能力に問題のある人たちが多いので、勝訴判決を得たが回収率ゼロという事案は多い。私の事務所のロッカーには空証文になった勝訴判決が20億円ほどはファイルされていると思う。回収の可能性を含めて、てんこ盛りの事前の説明をしなければ、とても着手金は受け取れない。

さて、損害賠償金1000万円を求めている依頼者に、訴訟を起こしましょうと提案できる弁護士が存在するだろうか。いや、存在するのが弁護士業界だ。損害賠償金1000万円の請求事案について「弁護士さんはいますか」と声をかけられて、しらばっくれる弁護士はいない。納税者の勝訴率が、一部勝訴を含めても5％程度にしかならない税務訴訟でも引き受ける弁護士は登場する。結果が悪くても弁護士は責任を取らないのだから、そこでドキドキしていたら弁護士業は務まらない。

それに対して100点を取る必要があるのが税理士業だ。1億円の税額を申告し、これが1億2000万円の税額として課税処分されたら大変だ。いや、見直し税理士が登場して真実の税額は8000万円だと言われたらもっと大変だ。25％の回収率でも許される弁護士業界、いや、敗訴しても許される弁護士業界と、常に100％を求められる税理士業界。しかし、手を付けるについてのドキドキ感は、やはり、弁護士業界の方が厳しい。

## 第8　友達100人できるかな

「一年生になったら、友達100人できるかな」

そのように期待して入学した小学校、その後、中学、高校、大学と過ごしてきて何十年。2倍、3倍と友達が増え続けてもよいと思うが、結局、100人の友達はできなかった。世の中の人たちは本当に100人の友達がいるのだろうか。「友達100人できるかな」という思いに囚われている人たちは多いと思う。

サラリーマンであれば会社内に多くの友達がいるのだろう。毎日のように職場の仲間と飲み歩くとも聞く。嫌な上司の下でよく頑張れるものだと驚く。鈍いから務まるのか、気遣いに優れているから務まるのか。上司、隣の同僚、部下という関係があり、その人たちと協力しながら競争する。素晴らしいと思うサラリーマン諸氏の社会性だ。

私は、サラリーマンに劣っているという意識が抜けなかった。閉鎖された組織で、仲良く、20年、30年と勤めを続ける適応性は、私がもっとも不得手とするところだ。私自身、税理士事務所、監査法人、法律事務所と3つの勤め先に籍を置いたが、いずれの勤め先も1年と続かなかった。いや、喧嘩をして仕事を辞めたのではない。1年は私にとっては充分に長く、会計士試験の受験、司法試験、そして開業と次にやるべき事柄が登場してしまっただけだ。雇い主にしてみたら使いづらい人間で、それが私の欠点だと自覚していた。私は、サラリーマン的な礼儀作法の経験と訓練を受けていない。

しかし、これは違うのだと思う。そもそも自営業者にはサラリーマン的な配慮は不要だ。目の前にいる方が楽しい人だったら仲良く付き合えばよいし、つまらない人だったら付き合う必要はない。四方八方に配慮し、誰とでも、それなりに礼儀正しく付き合う。それはサラリーマン諸氏の宿命としての生き方であって、私たちの生き方とは異なる。私たちは、良い人に囲まれ、好きな人たちと共に生きればよい。

私たちの生活では、その年代に応じ、その環境に応じて付き合う人たちは入れ替わっていく。生活や事業が順調であれば増えていく付き合いもあり、順調に成長したがために離れていく友人もいる。他人と深く付き合えば自ずから競い合う関係が生じてしまう。友の成長を喜べる友は、共に成長する友であって、他人の幸福を無条件に喜べる関係は希なことだと思う。成長に応じて親しくなる人たちこそが、その時点での良き友なのだと思う。

それにしても疎遠になる友は寂しい。軋轢を起こして離れていくお付き合いには反省するところが多い。しかし、それは常に細胞を作り出すタンパク質の流れと同様に自分を育てる栄養なのだと思う。親しくなる友も、離れ行く友も、共に自分を映す鏡なのだから、友の入れ替わりを自分の成長と考えればよい。いや、逆に、自分が友に与えた影響を喜べばよいのだと思う。

知人以上、友達未満。年賀状を交換し、電話があれば、即、昔が戻ってくる。そのような距離感で生活する人たちで成り立っているのが社会だろう。それを友人と呼びたければ、友達など１００人でも、２００人でも作れてしまう。漫画の世界の友情を想定し、自分を寂しがる必要はない。

## 第9　カネが大好き

ゴーン事件で信用を失ってしまった日産自動車。車を購入するのなら、カネが大好きという社長が経営する会社ではなく、車が大好きという社長が経営する会社の車を購入したい。社長の経営方針は開発部門にも、製造ラインにも浸透するのだろう。車よりも、カネに関心がある経営陣と、その暴走を止めることができなかった取り巻きの人たち。それがゴーン事件で定着してしまった日産自動車のイメージだ。企業文化が失われ、その後にはカネのみを指標とする経営に変質する。

不動産業界も同様だった。バブル以前、いや、バブル時代であっても、不動産は、不動産が大好きという人たちが扱っていた。ところが昭和のバブル崩壊で、不動産投資をする人たちと、それを仲介する業者は壊滅状態になってしまった。その後に登場したのがファンドという人たちだ。

不動産を扱う人たちには、カネが大好きという人たちが多いので、その区別は難しいかもしれない。しかし、不動産を扱う人たちと、サラ金や貸金業を始める人たちとは種類が違う。ファンドの人たちが不動産を金融資産にする手段を持ち込み、アセット・マネージャー、プロダクト・マネージャーという人たちが利回りで不動産を管理するようになってしまった。寄ってたかって手数料を中抜きするのだから利回りを高くしなければ商品にならない。フリーレントという方法も、カネが大好きな人たちでなければ思い付かない手法だ。数ヶ月間の賃料を無償にして、名目的な賃料利回りを高く見せることで、商品価値の見栄えを良くして転売を目論む。

弁護士の増員による弁護士業界の破綻の後に、カネが大好きという人たちが登場し、過払い金返還請求事件のブームが出現した。裁判手続でも成功報酬は回収額の10％というのが業界の相場だが、過払い金請求事件では、単なる事務手続について回収額の20％の報酬を請求する。これは不動産業界と同じ運命だったのだと思う。本来、全ての商品は、その商品が大好きという人たちが扱うべきだと思う。仮に、弁護士業だったら、依頼者の利益を守り、弱者を救済し、法律の議論が大好きという人たちが取り扱うべきだ。

税理士の場合も、税法の理屈が大好きで、事業経営者の相談に応じるのが大好きという人たちが税理士事務所を経営すべきであって、カネが大好きという人たちが税理士事務所を経営すべきではない。病気になったら、病気を治療するのが大好きで、医療という専門知識が大好きという医者にかかりたいと思う。

私が書き連ねる雑文も、雑誌が大好き、本が大好きという編集者がいて、その編集者と著者のコラボで原稿が完成していく。私の原稿を熱意をもって推敲してくれる良い編集者とのお付き合いには感謝するほかにない。

全ての業界を通じて評価基準がカネ儲けに統一されつつある。しかし、カネ儲けという基準が社会に浸透し続ける時代だからこそ、自分の使命を頑固に守り続ける人たちは貴重だ。残されたわずかな時代かもしれないが、それでも頑固さは維持したいと思う。

## 第10 株屋を出入りさせてはならない

女性は夫から上場株式を相続した。投資経験はなかったが、弔問に来た証券販売員から「財産は有効活用しないと損ですよ」と勧誘され、相続した上場株式を外国株に買い替えるなど短期売買を繰り返した。その後、弁護士に相談したところ、ほとんど損益は生じていないのに多額の委託手数料が支出されていた。

そのようなニュースが流れてきたが、しかし、ネットは、もっともらしい嘘で溢れている。本当の話なのか、作られた嘘なのか。しかし、これは本当の話のようだ。

上場株の名義変更を証券会社に任せたら、その後、買い替えをアドバイスされて、第2次相続段階では財産が大きく目減りしていた。買い替えなら売りと買いの手数料のダブルになるので回転させれば二重の効率で手数料を稼ぐことができる。未亡人はカモ。仲間の税理士から多様な事案を聞かせていただいた。夫が相続財産として株式を残した場合は、女房しか住んでいない家に、株屋を出入りさせるのは危険だ。

私たちは顧客と向き合って仕事をしているが、サラリーマン諸氏、特に、営業マンは向く方向が異なるのだと思う。顔を向けているのは後ろにいる上司であり、会社であって、顧客の方を向いて仕事ができる立場ではない。全員参加の昇進レースをやってるのだから、顔を向ける方向が壁に張り出された営業成績であることは当たり前のことだ。

顧客に向けたサラリーマン氏の顔は、後ろを向いた人間が後頭部に付けているお面であって、それはサラリーマン氏の本心を表すものではない。営業のときは笑顔面、苦情が出た場合は「自己責任」と無言で語る能面顔、高齢者を相手にする場合は孫の顔。お面の種類は多種多様にあって、その役割に応じて付け替えることが可能だ。

サラリーマン諸氏も嘘は語らない。しかし、そこで登場するのが語らないところに嘘があるというサラリーマン諸氏の言葉だ。「投資をしなければ損」という言葉に嘘はないが、「投資をしたら損」という言葉は語られない。「賃貸物件を建築すれば家賃が入る」という言葉に嘘はないが、「私は賃貸業を経営した経験がない」という言葉は語らない。

彼らの目標は、顧客に正しい選択をしてもらうことではなく、会社の商品を購入してもらうことなのだから、提供される情報は、どれを選択するか（買うか）という情報であって、どれも選択しない（買わない）という情報は含まれていない。しかし、大会社の名刺と見栄えの良い営業マンが自分のためにアドバイスしてくれていると勘違いしてしまう人たちは少なくはない。

私たちは、いつも、正面を向いて依頼者と向き合っている。依頼者も正面を向いて私たちと付き合ってくれる。いや、誰でもが正面を向いて他者と付き合っている。だから、サラリーマン諸氏も正面を向いて付き合ってくれると勘違いしてしまう。特に、大手企業の名刺を持ってきた場合は尚更だ。いや、だからこそ大企業になれるのだし、大企業のサラリーマンが務まる。正面を向いて依頼者と付き合う。小さな税理士事務所を経営する楽しさを再確認していただけただろうか。

## 第11　四角い通達の角を丸める

ふるさと納税は正義だろうか。

小学校、中学校、高校と稚魚を育てた自治体に、成長した子供たちが稼ぎ出した所得の一部を還元する。そのような趣旨から提案された制度だったと思うが、寄附する自治体を問わず、さらに返礼品が提供されることになって、制度の趣旨が見えなくなってしまった。都市部の自治体には不満があり、高額所得者に対する優遇と批判する納税者もいると思う。

しかし、私は、ふるさと納税に賛成したい。①高額納税者に見返りがないという不満が以前から存在した。②納税額を減らしたくないというインセンティブが働く（ふるさと納税の利用限度額が減ると寂しい）。③地方の特産品として、地方経済を少しでも活性化できる。④地方公務員が頑張ることは何にしても良いことだ。⑤納税者と徴収側の相対取引によって公務員も社会を学習する。⑥東京都の税収を減らしたい国会議員の意向にも添う。

ただ、理屈に沿わない制度は常に矛盾を生じさせてしまう。返礼品について所得税の申告が必要か、これが実際に行われているのか。寄附額に対して30％の返戻率とされているので、一時所得の基礎控除額50万円を超えたら申告義務がある（令和２年８月６日非公開裁決２０２１年７月14日税のしるべ電子版）。いや、物品を受け取った場合は、その市場価額の60％の評価で良いだろう（所得税基本通達２０５―９（７））。しかし、多くの納税者は、ふるさと納税の返礼品について所得税を申告しようとは思わないはずだ。税理士として積極的に一時所得の申告を奨励すべきか。

常に、創意工夫、その場に合わせての対応、相手に対する思いやり。それが私たちの判断基準だ。しかし、役所に、それを求めることは不可能だ。公務員の1人ひとりが、「創意工夫、その場に合わせての対応、相手に対する思いやり」で判断をしてしまったら制度が持たない。書かれた文字に従った判断ができるのがよくできたマニュアル（通達）だ。

では、在野は、役所のマニュアルに従えばよいのか。それは違うだろう。四角い通達の角を丸めて、円滑に回るようにするのが在野の役割だ。四角四面の仕事をするのなら、税務職員で充分であって、税理士など不要の存在になってしまう。私たちの仕事は、常に、「創意工夫、その場に合わせての対応、相手に対する思いやり」。脱税について思いやりを働かせてはならないのは当然だが、どの程度の対応を脱税というのか。そこには四角い通達の角を丸めて円滑に回るための社会の常識が存在するはずだ。

さて、ふるさと納税の返礼品、それが課税所得を構成する。そのような理屈があり得るのだろうか。お中元、お歳暮も課税対象という理屈があるようだが、それが実行されているだろうか。地方自治体が制度の趣旨をゆがめて勝手に提供することにした返礼品。そんなものが課税対象なのだろうか。タブーに挑戦した文章を書けば批判が出るだろう。しかし、私たちの仕事は、常に、「創意工夫、その場に合わせての対応、相手に対する思いやり」。自分の頭で判断することを放棄したら、それは四角四面の公務員と同じになってしまう。

## 第12　小規模宅地特例が利用できるという不幸

小規模宅地特例が利用できたら格段に有利だ。居住用地なら330㎡、事業用地であれば400㎡までが80%の評価減になり、賃貸業の敷地でも200㎡までが50%減になる。ところが、この頃、配偶者が相続する場合を除き、この特例の適用を受けることが難しいのだ。

居住用地であれば親と同居していることが必要だが、今どき親と同居する人たちは少ない。介護老人ホームに入っている場合なら同居は不要だが、介護老人ホームに入る直前の同居が必要だ。家なき子なら同居は不要だが、長寿化の時代、60歳、70歳になっても借家住まいという子供たちは少ない。自分たち夫婦が所有する居住用地に住む場合はダメで、親が所有する居住用地に住む場合もダメだ。結局、居住用宅地の特例が利用できるのは結婚せず親と同居を続けた息子と娘に限られてしまうような気がする。今どきは、孫を連れて戻ってきたシングルマザーというのも該当する。

事業用地の場合は親の事業を承継する必要がある。しかし、親が死ぬまで事業主で、それを子が承継する。長寿化の時代、伝統工芸であればともかく、普通の商売で、今どき死ぬまで親が事業主ということがあるだろうか。生前に事業主を交替すれば特例の適用はない。親が死亡時まで事業主で、子が、その事業を承継するというのは開業医でも難しいと思う。

それでも同居していれば生計一の相続人として、生前の事業主の変更が認められる。しかし、居住用地の場合と同様に、今どき同居している孝行息子は少数派だと思う。生計一という救いもあるが、しかし、60歳、70歳になった子が、別居しながら親と生計一ということがあり得るだろうか。

事業を法人化し、会社に土地、あるいは建物を賃貸してしまえば貸付事業用地として50％評価減の特例が受けられる。貸付事業用地なのだから身内の会社でも無償で貸与したらダメ。さらに被相続人と親族で50％超の株式を所有し、子が会社役員として経営していれば同族会社の事業用地として400㎡まで、そして80％減の優遇が受けられる。

つまり、貸付事業用地の承継は容易なのだ。土地の賃貸でも、家の賃貸でも良い。同族会社に賃貸しても、他人に賃貸しても良い。賃貸業を承継すれば良いし、相続は、必然的に賃貸業の承継だろう。同居も、生計一も、さらには配偶者が優先して相続する義務もない。なぜ、貸付事業用地のみ容易に承継できるのか。貸付事業用地を持つ人たちこそ相続税を負担してもらうべき相続人ではないのか。

貸付事業の場合を除き、小規模宅地特例の適用は難しい。いや、居住用地や事業用地について小規模宅地特例が適用できることが不幸なのだと思う。子供たちが自立し、小規模宅地特例が利用できない幸せを再確認しようと思う。それにつけても貸付事業用地が格段に優遇されている理由は不明だ。相続税の節税を目的とした賃貸物件の建築と、それによって潤う建築業界。そのような構図があるのだろうか。

## 第13 囲い込む人、囲い込まない人

世の中には囲い込む人と、囲い込まない人がいる。それは財産、知識、交友関係などの全てに通じる各人の個性だと思う。

いや、誰でも財産は囲い込むだろう。しかし、そこには微妙な差があると思う。私は、サイドビジネスで不動産賃貸業を経営している。目的は病気や事故に備えての予備プランだが、私の自慢は、賃貸物件の内装などに費用をかけていることだ。キッチン、バス、トイレについて賃貸用ではなく、一般の家庭用の設備を設置する。仲介業者がグレードの高いキッチンに驚くことがある。

それが賃借人の確保に役立っているのか否かは分からない。しかし、私の賃貸物件に住んでもらうのなら「良い部屋でしょう」と語りたい。そこで小銭を囲い込むようなケチな賃貸業経営をしていても面白くない。

知識についても囲い込みをしない。ｔａｘＭＬというメーリングリストを主催しているが、そこでは持っている知識は全て公開してしまう。当初は知識を囲い込むメンバーもいたが、いま、そのようなメンバーは残っていない。持っている知識は全てオープンにしてくれる。知識を提供することが議論のレベルを上げることになり、自分への見返りも一番に大きいことを全員が理解しているからだ。他人に知識を提供することで一番に学習するのは自分自身だ。そして薄まった知識を、さらに濃くするというチャンスを手に入れるためにも語らなければならない。

書籍を執筆し、講師を務める。その場合も「私は、これだけのことを知っている」と物知り顔では語らない。誰でもが知っていることを、誰でもに知ってほしいと思いながら語っている。友の成長こそが、私が収穫を得る環境の確保だ。私が知っていることは最後の1ミリまで語ってしまう。その次の講演会では、さらに次の1ミリを語る必要を作り出すためだ。

私が公開しているソフトや条文集について、これを見た方が、自分のブログに次のような一文を書いてくれたことが嬉しかった。「驚きました。大変な手間が掛かっているソフトを無償で公開する人がいることに『自由と正義』という日本弁護士連合会の機関誌に私のＨＰが紹介されたことがある。「何よりも自作ソフトも含めこれらの情報を無償で公開していることにも驚かされる。まだまだ手工業的、徒弟制度的色彩の残るわが業界では、異色ともいえよう」

ソフトや条文集を作成する手間が大変だったとしても、いや、大変だからこそ自分1人で利用するのは勿体ない。公開して1000人の人たちに使ってもらっても手間は同じだ。

交友関係についても同様だ。私は友人が少ない。気の合う人たちを囲い込むという発想も、仲間を作って群れることもない。そのときに声をかけて集まってくれる人たちと、そのとき限りの企画を実行する。楽しい企画なら、それを楽しんでくれる人たちが集まってくれる。そのためには集まる人たちの範囲は広い方が良い。

囲い込めば財産になる。しかし、囲い込まなければ、それも財産になる。

囲い込まないことで財産を蓄える。その考え方に賛成していただけるだろうか。

## 第14　年齢を先取りすること、先送りすること

「年齢を重ねていっても、考えていることは27才のまま、つねに自分が34才であると意識していないと、27才のときと同じ服を選び、27才のときに魅力を感じたような男の子を好きになり、27才のときとまったく同じような酒の飲み方をし、27才のときに書いていたものと似たような小説を書いてしまう」

角田光代が『年齢は財産』（日本ペンクラブ編　光文社）というエッセイで語る一文だ。

私自身も、これと同じ感覚だ。まさか自分を27歳と認識することはないが、では、何歳と認識しているだろうか。サラリーマン諸氏と比較したら、感覚的には再雇用の人たちではなく、現職の人たち、つまり、50歳から55歳辺りを自分の年齢と自己認識しているのではないか。

だから冬山で遭難した人たちが65歳というニュースを見て、そろそろ死んでしまっても惜しくない年齢などと一瞬は思い浮かべてから、私より年下だと驚くことがある。

弁護士になって数年、若手の弁護士という認識で会務活動に参加していた。ところがあるときに司法研修所の終了年次の早い方から挨拶することになったときに、自分の順番が5番目だったことに驚いた記憶がある。自己認識した年齢を常に引き上げていないと、みっともないことを語ってしまう。サラリーマンなら係長、課長と常に年齢を引き上げてもらっている。年功序列で給料も増えていく。しかし、自由業者では、自

分の年齢は自分自身で引き上げないと、いつになっても30歳、40歳の感覚を演じてしまう。

しかし、逆に、年齢を引き下げる必要があると思うのが、この頃だ。経営者からリタイヤの相談を受けることがあるが、それが60代、70代だとしたら、それは間違いではないかと思う。確かに、私が30代の頃、男性の多くは70代で死亡し、60代で死亡した方の葬儀では「早すぎましたね」と語るのが決まり言葉だった。いま、70代になった人たちは、その意識を引きずっているように思う。

しかし、あの時代に比較し、少なくとも10年、常識的には20年、もしかすると30年も寿命が延びてしまったのだ。ガンが死なない病気になった影響が大きい。その時代に、30代で埋め込まれた年齢感覚で行動するのは間違いだと思う。退職を想定し、相続の準備などと言い出した人たちには、残りの人生の長さを指摘することにしている。必要なのは、相続の準備ではなく、残りの人生の過ごし方なのだ。

私自身も、ふと、リタイヤの意識が浮かび上がってくることがある。いま、仕事を辞めても、何も困ることはないと。サラリーマンなら定年退職であろう年齢を超えて現職を続ける後ろめたさもある。しかし、リタイヤを決断した後に、それが間違いだと気付いても手遅れだ。

おそらく正解はないのだと思う。一生現役という方もいるが、それが幸せなのか、醜態なのか。しかし、自己責任で生きてきた自営業者なのだから、未だ経験していない老後の後始末も自己責任で判断できるはずだ。明日のことを思い煩う必要はない。

## 第15 税理士として独立する

顧客を確保してから独立するのか、逆に、独立しなければ顧客は獲得できないのか。独立時の顧客の数は何社だったか。それを仲間内に質問してみた。

「ゼロでした。開業から10ヶ月ほど売上はなかった」「ゼロでした。のれん分けはなしです。数ヶ月後に月2万円くらいの法人顧問先が7件ほどになってホッとしました」「ゼロでした」「ゼロです。最初の10件は年3万円の個人とか、月1万円の親戚、10件目までで月に3万円もらえたのは2件です」「病気でパート勤務していた会計事務所を辞めて、名ばかりの独立。もちろんゼロでした」「ゼロです。監査法人時代に世話になった銀行の役員から『飯食えるんか』と心配されました」「開業したときはゼロでした。ただ、配偶者が育休明けで前職復帰するので、嫁の給料があれば生活できるので独立しました」。「ゼロです。その年の売上は10万円くらいでした」「わたしは2社ありましたが、食べられるようになるのに1年くらいかかった感じです」「全くのゼロからのスタートでした。顧客がゼロであろうと、思い立ったときが独立すべき時期なのだと割り切りました」

これが同業者の回答だった。

私自身も、もちろん、独立した時は顧問先はゼロだった。いや、顧問ではなく、事件で稼ぐのが弁護士業だから、40年間について売上の保証がなく、法律事務所を経営してきたことになる。それは他の法律事務所の場合も同じだ。しかし、何とかなってしまうのが事務所経営だ。勤務弁護士をやっていたら顧客は得られなかったと思う。

顧客がいなければ開業できない。しかし、開業しなければ顧客は獲得できない。鶏と卵のような関係だが、その答えは後者のようだ。独立しなければ顧客は獲得できない。しかし、独立すれば何とかやっていける。

税理士事務所を息子が継いでくれた幸せな父親。その父親に「息子は顧客を探してくるか」と聞いたところゼロというのが父親の言葉だった。顧客を得られるか否か、それは税理士事務所という物理的な存在ではなく、自分で人生を築き上げていくという開業した税理士の強い気持ちだ。

顧客ゼロでも開業する。それほどに独立には魅力があるのか。なぜ、顧客がいないのに無謀にも独立するのか、勝算はあったのだろうか。回答から得られる印象は逆境に負けない強い意思だ。それが独立志向の人たちなのだと思う。

自分で開拓し、作り上げた自分の事務所。隅から隅まで自分が作り上げたという自負心は何にも代え難い。小さな事務所でも、大きな事務所でも、それが私の実力。もちろん、大手の事務所に勤め続ける税理士もいるし、親の事務所を継いだ税理士もいる。多様な選択を許すのが税理士業界だから、どれが良いという評価はできない。

しかし、経営者の相談に乗るのが税理士の仕事、そして人生１００年の時代。税理士業の王道は自ら顧客を開拓して行う独立にあるのだと思う。独立すれば何とかなった時代から、今のような独立に厳しい時代。先輩の経験が、そのまま役立つとは思えないが、独立を悩む人たちに勇気が提供できたら嬉しい。

## 第16 半数を超えると社会が変わる

私が高校生の頃、市役所には感じの悪い公務員がたむろしていた。なぜ、感じが悪いのか。江戸幕府が崩壊し、武士の多くは公務員になった。その人たちが町人を目下に置く武士の文化を承継してきたのだと思う。そして高校（商業高校）を卒業したときに、多くの同級生は民間会社に就職した。何しろ、高度経済成長の真っ盛りであり、民間会社に勤めて猛烈社員になるのは当たり前の進路だった。公務員の給料は安く、職場として魅力がない時代だった。「国家公務員の月給は6800円だが、民間で1番人気の倉敷レイヨンは1万2000円だった」（元内閣官房副長官の石原信雄氏「私の履歴書」日本経済新聞）。

しかし、高度経済成長が終わり、絶対安定の公務員志向が出現し、優秀な子たちが公務員を目指す文化が登場した。そして、いつの間にか市役所が感じの良い役所になっていた。なぜか。おそらく、組織の構成員の半数を新しい人たちが占めた段階で、その組織の文化が変わるのだと思う。

それでも法務局はダメだった。司法書士という専門業者しか出入りしない役所のためか、横柄な職員が、横柄な態度を取り続けた。しかし、いま、法務局も感じの良い役所になっている。電算化などの影響で若手が登場し、それが組織の半数を占めたのだと思う。

私は、税理士は女性に向く職業と公言してきた。①会社の経営成績が悪くても、女性税理士に示すのなら恥ずかしくない。②そもそも細かい数字の仕事は女性に向いている。③税理士が女性でも税務調査のデメリットはない。④事務所の規模や、売上などで女性は同業者と競う必要がない。⑤同じ職業に就いたら、男より、女性の方が優秀なのはどの業界も同じだ。

しかし、税務職員はよろしくない。細かいことをほじくり返す。いや、しかし、同業者との会話で、いま、女性の調査官に違和感を感じることはないと聞いて驚いた。若手の調査官の内に女性が占める割合が大きいとも語っていた。国税専門官採用試験の令和元年の女性申込者の割合は38・7%だそうだ。いま女性が働く時代という流れにある。そして働く女性が組織の半数を超えたときに税務職員を見る税理士側の視点が変わったのだと思う。

私が弁護士になった頃、東京地裁の女性裁判官は2名しかいなかった。いま、東京地裁の裁判官の4人に1人が女性という状況だ。裁判官が女性、書記官も女性、相手方代理人も女性で、男は私1人という法廷を経験することがある。私は、微妙に女性の裁判官は苦手だ。喧嘩商売に女性は向かないような気がする。それでも東京地裁の女性裁判官が2人という時代に比較すれば、遙かに馴染みやすくなったのが女性裁判官だ。

日本税理士会連合会の会長、副会長、理事の半数が女性に入れ替わったときに税理士業界は変わるのだと思う。どのように変わるのか、それは何年後だろうか。平均年齢64歳の男社会にいると時代の変化に鈍感になってしまう。いや、私だけかもしれない。女性は税務職員に向かない。今回は、そのような時代に遅れた発想をしていた私の自戒の書とさせていただいた。

## 第17　昭和、平成、令和の時代

戦後、土地が主人公の時代が続いた。田中角栄の日本列島改造論以降、土地は常に値上がりする資産だった。土地こそが究極的な価値で、企業も事業経営者も、揃って土地に投資し、土地の含み益こそが信用の指標だった。景気の変動によって地価上昇率が増減することはあっても、土地は常に値上がりする資産だった。そして、地本主義とも言われた日本経済がビッグバン的な様相を示したのが昭和の終わりだった。

昭和61年の都内最高路線価は37・9％の上昇を示し、昭和62年は79・2％、昭和63年は40・1％と続いた。3年で3・46倍の値上がりだ。山手線内の土地価格でアメリカ全土が買えるといわれた。地価の上昇が、土地需要を作り出し、それが地価の上昇を生む。そのような糖尿病型の経済が臨界点を超えて人工透析が必要になった時期が、昭和から平成への移行時期と一致した。

平成の時代は30年をかけて別の種類のマグマを蓄え続けた。製造ラインがロボットに入れ替わったのを先駆けとして、次には事務部門の処理がコンピュータに入れ替わり、さらにＩＴ、ＡＩ、ビッグデータ、ディープラーニングという新しい技術が登場した。

証券取引を仲介していた大量の人たちはネット取引に入れ替わり、女性職員が担当していたバックヤード業務はコンピュータシステムに入れ替わった。買い物はネットを通じて行われて書店を筆頭に物販店が消え、現金を持たないキャッシュレスの時代が到来しつつある。

平成の時代に登場したのがＩＴ関連の多数のサービスだが、それらは通信、広告、情報、販売などの個々の技術として利用されるに留まっている。これが統合されて支払手段や送金手続、さらには電子通貨への変化と、たまりにたまったマグマが大きな社会の変革を生むのが令和の時代ではないのか。

まさにカンブリア期のように多様な知識が出現し、意思決定者としての人間の地位を脅かし、人間は、ただ労働するだけの存在になってしまうのか。あるいは労働に関するノルマから解放される時代が到来するのか。いま労働力が不足する時代と騒がれているが、不足する労働力の大部分が単純労働であることを考えると、無条件に将来が楽観できるとは思えない。米国流の極一部の人たちが社会の富の大部分を所有する社会が日本に到来するのか、いや、世界全体が、ごく一部の人たちに富を所有される社会になって、中間層にいた人たちは下位層に落ち込むことになるのか。

昭和、平成、令和という元号の切り替えと、経済、あるいは技術の発展に直接的な関連はないとしても、土地を中心とする経済が昭和の時代と共に終わり、ビッグデータ、ディープラーニングなどの知識が平成時代の終焉に登場してきたことには、単なる偶然とは言えない歴史の必然性を予感させる。おそらく、20年後には、令和の時代の個性が確定し、これが令和元年に始まったと認識されるのだと思う。

令和が、良い時代であることを、微妙に不安を持ちながらも期待したいと思う。

## 第18 怒りをコントロールする

怒りをコントロールする。そのような書籍が盛りだくさんだ。怒りを爆発させれば後悔することになる。怒る人たちは「大人気ない」という言葉で否定されてしまう。

しかし、怒りを感じないことが可能なのか、怒りは否定されるべきものなのだろうか。もし、怒りが不要な感情だとしたら、人類進化の過程で消滅しているはずだ。『愛と怒りの行動経済学　賢い人は感情で決める（エヤル・ヴィンター著　早川書房）』は「正当な主張と不当な主張を区別するわれわれの能力は、ほどよく怒っている状態のもとで高まる」と指摘する。

怒りを否定し、怒りを管理する必要性を説く「生き方本」に対し、研究者は怒りを肯定的に捉える。

「表出抑制によって、ネガティブな感情の表出を抑えることができたとしても、それはネガティブな感情を経験する頻度が少なくなったことを意味しません。また、抱いている感情と表出される感情が異なるため自己不一致感につながりやすく、表出抑制はポジティブな感情、心理的安寧、主観的幸福感を低下させ、ネガティブな感情、不安、抑うつを高める不適応的な方略であると特に欧米では考えられています」（『老いと記憶』増本康平著　中公新書）

私はいつも怒っている。不誠実、不正義、不条理には怒りを感じないわけにはいかない。そこで怒りを抑えたら、それこそ「自己不一致感」が生じてしまう。「自己不一致感」を抱えたままの冷静な判断は難しい。そんなものは素早く解消してしまった方が良い。怒りをコントロールする。そんなものはサラリーマンの処世術であって、怒りをもって意思を伝えなければならない鈍感な人たちもいる。

怒りをコントロールできる人たちは、そもそも鈍いのだろうか、自分の感情の管理能力が優れているのか。怒りを弱い者に向けているのか、あるいは酒で自分の感情を紛らわせているのか。

怒りは、藪の中の虎を見つける人間の本能と同じなのだと思う。藪の中に縞模様を見かけたときに瞬間的に虎だと認識する能力、これがなければ人は生き残れない。不誠実、不正義、不条理について、分析し、チャートを書いて、やっと、怒りにたどり着く。そんなのんびりした発想では正義は実現できない。

多くの怒りは、先に感情があり、なぜ、私は腹を立てたのかという分析が後に続く。真実発見のショートカットなのだと思う。不正義を瞬間的に検知するセンサーとして、道徳的な生活をしていくためには必要な機能なのだ。

だからといって、いつも、怒りを発散していて良いとは思わない。必要なのは、何に怒りを感じるかだ。プライドなのか、善悪なのか、不正義なのか。それが自分自身の人間的な完成度を測るバロメーターになる。怒りを感じたときこそが、自分を発見する最大のチャンスだ。何に対して怒りを感じる自分なのか。それを発見すれば、それを自分自身にも適用し、他人に対して二枚舌を演じることがなくなる。怒りを否定し、抑え込んでいてはいつになっても自分は発見できない。

## 第19　身内間の贈与

祖父母が毎年110万円を孫に贈与するが、預金通帳は祖父母が管理する。それは名義預金であって、贈与と認められないことは自明だ。では、120万円を贈与し、1万円の贈与税の申告をしたら贈与と認められるか。それは無理だ。贈与の事実があり、その後に贈与税の申告があるのであって、贈与税の申告をしたら、遡って、贈与の事実が是認されるわけではない。

では、この通帳を孫が管理していたら贈与と認められるか。それだけでは無理だと思う。孫に手渡されていたとしても、3年、5年と資金に手が付けられずに預けられている。そんなことは自分の預金ではあり得ない。仮に、成人するまでは引き出してはならない。そのような預金では、理屈としても、停止条件付、あるいは期限付の贈与と認定されるか、あるいは事実認定として孫が預金通帳を管理していた事実が否定されてしまう。

信託を利用したらいかがだろうか。信託銀行が商品化する「暦年贈与信託」などに限らず、家族間で行ってしまう信託だ。仮に、祖母を委託者兼受託者として、孫を受益者とする。そして、祖母は、毎年110万円を受託者である自分名義の通帳に預金する。受益者は孫なのだから、その時点で孫は預金に関する権利を取得する。不安があれば孫を受益者とする信託調書（相続税法59条）を税務署に提出しておく。この方法なら祖母は贈与金を手放さず、自分の手元に置いたまま孫への贈与を実行することができる。しかし、テクニックに走った手法はお奨めしたくない。

一番に確実な方法は贈与された金銭を消費してしまうことだ。孫への贈与なら、贈与金でランドセルや学習机を購入すればよいと思う。私立小学校への入学金と学費、さらには医学部入学金と学費は祖父母持ちという節税策もある。どうしても、孫への贈与金を、孫に使わせたいのなら、その預金に孫が所有する固有の金銭を混ぜてしまうことだ。仮に、お年玉や、毎月の小遣いを、その通帳に混ぜてしまう。

逆に、貸金と定義したい場合がある。土地建物を所有するが金銭には余裕がない。そのような両親の介護老人ホームへの入居費用を子供たちが負担する場合だ。相互に扶養義務のある者の間で、扶養義務を金銭消費貸借にしても認められないだろう。子の大学入学金について子に借用書を書かせ、妻の生活費について妻に借用書を書かせるようなものだ。そのようなときに利用できるのが会社を通じての金銭消費貸借だ。

子供たちが経営する会社から介護老人ホームへの入居金などを両親に貸し付ける。高金利の時代なら利息の始末に苦労したが、今は低金利の時代。無利息でも、あるいは1％程度の金利を付しておけば無償の利益供与が認定される恐れはない。必要な資金は子供たちが会社に貸し付ければよいと思う。そうすれば、相続時には、貸付金残高を相続税の債務控除の対象にすることが可能だ。家族間の資金の移動で相続税が節税できるのなら一手間を掛ける価値があると思う。

## 第20　事業と、仕事と、作業と

働き方には「事業」「仕事」「作業」の3つがあるのだと思う。税理士は顧客の「事業」に関与するが、それは顧客の生活に直接の影響を与えると共に、税理士の生活にも直接に影響する。

サラリーマンや公務員に分類される人たちが担当するのは「仕事」だ。銀行員、裁判官、大学病院の勤務医などが行っている。さらに仕事の中には「作業」に分類されるものがある。宅配便の運転手、百貨店の店員、ホテルの従業員などが行う。もちろん、彼らの仕事は生活の糧だが、生活と直接に関連しているわけではない。給料を通じて間接的な関連を持つ存在であって、仕事と各人の生活は全く別の場所に存在する。

私は、働き方は異なっても、誰でもが働くという意味では同じだと捉えていた。しかし、その理解では落ち着きどころが悪い。そこで気付いたのが「事業」「仕事」「作業」の3つの働き方の違いだ。

「事業」を行う人たちは、常に「稼ぎ、知識、作業」の3つの思考の中にある。銀行員や裁判官の頭の中にあるのは「知識、作業」だろう。社長になれば「稼ぎ」が頭の中に登場するのだろうが、裁判所の所長になっても「稼ぎ」が頭の中に登場することはない。そして宅配便の運転手や百貨店の店員の頭にあるのは「作業」ではないか。

もちろん、作業を行う人たちも、それぞれに知識を活用し、ミスがなく、合理的な仕事が完成できるように努力している。仕事に対する熱意や、社会的な役割では遙かに私たちよりも公共性に優れている。しかし、君に期待するモノは何かと問われたら3つの区分が成立するように思う。

知識があって、真面目に作業をしていても「事業」としては失格だ。知識があり、真面目に作業をしていれば「仕事」としては完成。与えられた荷物を時間通りに正確に配達すれば「作業」としては完成。

世の中の80％の人たちは「仕事」か「作業」をしている人たちだ。「事業」を行っている人たちは10％もいないと思う。銀行員、勤務医、裁判官、検察官など、優秀な人たちであって、仕事の内容は複雑で、社会に与える影響も大きい。それに対し、私たちが影響を与えられるのは半径2メートルの範囲に留まる。銀行や裁判所などは、まさにビッグな組織であって、私の事務所などは比較対象にもならない。

しかし、事業、仕事、作業と3分類すれば違う景色が見えてくる。大会社で働く人たちの大部分は「仕事」をしている人たちだ。仕事とは役割であって、知識があれば誰でもできるし、代替可能な存在だ。しかし、私たちが行っているのは自分の生活と人生に直結する事業であって、自分自身の生活を離れての事業は存在しない。他の者が私の事業と生活を代替できるわけではない。

「事業」をする人たち、「仕事」をする人たち、「作業」をする人たちには見える景色は異なっている。私には「稼ぎ」を想定しない労働の意味を理解するのも難しい。その違いを意識せずに、誰でもが働くという意味では同じだと考えているところが面白い。

## 第21　我が身を滅ぼす

我が身を滅ぼす。

その理由を順番に拾い上げれば次の通りだろうか。

自惚れ、悪意、欲、焦り、無知、油断、生活習慣、そして欠けたる個性だ。

「私は、1年間に100冊の本を読んでいる。それを10年間について続けているが、この1000冊の中から10冊を選べといわれたら、私は、『税理士のための百箇条』『続・税理士のための百箇条』『続々・税理士のための百箇条』の3冊を選びたいと思う……」

「百箇条」の講演を頼まれた際の紹介文だが、このような「自惚れ」が我が身を滅ぼす。ただ、自惚れと謙虚は反対語ではなく、自惚れの反対語は保身ではないか。時には自惚れる勇気も必要だと思う。

「悪意」のある失敗には救いがない。しかし、他人の悪意を認識するためには自分の悪意も必要だ。悪意を持ちながら、それを管理する。始末に悪いのが「底意地の悪さ」で、これは単純に否定されるべき個性だ。

客観性を失わせ、判断ミスの原因になるのが「欲」。だが、欲は成長の原動力でもある。成長欲、出世欲、名誉欲、金銭欲など。その中で一番に見苦しいのが名誉欲。それに比較すれば金銭欲などは可愛らしい存在だ。

「焦り」は短絡的な行動の原因になる。しかし、焦りの強さこそが現状を変える原動力だ。そして「無知」。

自分の無知を知らないことが一番の無知であって、自分の無知を知れば、それを無知とは言わない。「油断、傲慢、怠け者」は救いようのない個性だ。常に、現状を分析し、想定外の事象に備える注意深さを怠ってはならない。

そして「生活習慣」。果物は体に良い。そのように教えられて、私は、常に、果物を口にしていた。それが脂肪肝の原因だと思いもしなかった。脂肪肝を指摘した医者も原因は果物だとは教えてくれなかった。医者は、病気とは仲良しだが、健康とは仲が悪い。果糖こそが脂肪肝の一番の原因だった。今の果物は甘すぎる。生活習慣で身を滅ぼすのは酒、タバコ、賭け事に限らない。

最後が「欠けたる個性」。これは『税理士のための百箇条』に「欠けたるところに宿るのが個性」として『スティーブ・ジョブズ』（ウォルター・アイザックソン著　講談社）の一文を紹介させていただいた。ジョブズは「自己愛性人格障害」だったとして「あの人にもう少し親切になって欲しいとかもう少し自分中心なところを減らして欲しいとか思うのは、目の不自由な人にいろいろちゃんと見て欲しいと願うようなものだった」。共感する能力がジョブズには欠けていたというのだ。欠けたる個性は偉大な実業家を生む。それと同時に詐欺師や騙される人たちも生み出してしまう。

誰にでもある負の個性。自覚し管理すれば正の個性として活かすことができるはずだ。負の個性こそが思考の深さを生む。正直者という薄っぺらい個性に比較すれば遙かに価値があるのが負の個性。もし、100の欠点を持つ人がいたら、その人は100の長所を持つ人なのだと思う。自分探しは欠点探し。しかし、恐れることなく自分の欠点を掘り起こし、自分自身との会話を楽しんでほしいと思う。

## 第22　買いたい欲求、買えば満足

世の中には「買いたい欲求」「買えば満足」という買い物がある。

幼い子供たちがオモチャを買ってほしいとねだる。買ってあげれば、それほど遊ばずに放り出してしまう。これが「買いたい欲求」「買えば満足」という現象なのだ。だから、母親が「同じようなオモチャを持っているじゃない」と説得しても納得は得られない。

骨董品を購入するのが大好きという顧客がいた。数億円の骨董品を購入していたが、これも「買いたい欲求」「買えば満足」が動機なのだと思う。仮に、５００万円の骨董品は、買えば満足の値段が４００万円なのであって、骨董品としての価値は１００万円もない。

「日本画や洋画を画商を通じて百貨店で販売する場合、その流通経路上、百貨店の取り分が相対的に大きくなりがちだ。中には収益分配の内訳が『百貨店50％、画商30％、作家20％』というケースさえある」（「アートビジネス解剖」週刊ダイヤモンド　２０１７年4月1日号）と解説されていた。20％の資産価値の商品を１００％の値段で購入するのだから、差額の80％は買って満足部分の価値になる。

絵画や骨董品について、買値を相続財産に計上する必要がないのはもちろん、わざわざ鑑定評価を求める必要もない。贋作かもしれないのだから、私なら10万円として相続税を申告してしまう。もし、価値があるというのなら税務署に鑑定してもらえばよいと思う。それが本物だったら、税務署の更正決定書には加算税を超える鑑定書としての価値がある。

そして「買いたい欲求」「買えば満足」という思いに押されて、買い物をした後に「買わなければよかった」と思うのも心の動きだ。あれほど欲しかったものも買った途端に熱意が冷めてしまう。絵画、骨董品、趣味の品々。しかし、買ったからこそ自分自身にとってのその商品の真価が分かる。

だから、「買わなければよかった」という品物は、それに気が付いた時点で捨ててしまえばよいのだと思う。「買って満足」で80の価値を実現しているのだから、20の価値を温存し、買わなければよかったという100の負債を抱え込む必要はない。

寿命を全うしていない商品を捨てることには躊躇する。しかし、いま、商品価値ではなく、「買いたい欲求」「買えば満足」という価値と「買わなければよかった」という価値の上に成り立つ時代。ゴミ屋敷直前の大量の物品に囲まれて生活するのは「買いたい欲求」「買って満足」と「買わなければよかった」のバランスが崩れている人たちだ。モノが買えなかった時代の欲望が、買える時代になっても消えてくれない。

普通の人たちは、生活に必要な実用品を購入して生活している。しかし、時には羽目を外して買い物を楽しみたい。それが「買いたい欲求」「買えば満足」という動機でも充分に自分を満足させる買い物だ。買い物に失敗し、「買わなければよかった」という思いに変わっても、それも買い物の楽しみのひとつ。無駄な買い物だったと反省する必要はない。

## 第23　相手によって話し方を変える

乗っていたバスの運転手さん、仲間内の会話と、マイクを通じて客に語りかける話し方が全く違う。それは当然だろう。顧客に向けてタメ口をきくことは許されない。家族や仲間内の会話、顧客に向けての会話、上司に向けた会話で話し方が異なって当然だ。上司が部下を叱りつける際の言葉や、検察官が被疑者を怒鳴りつける言葉も日常の言葉とは違う。

しかし、彼らも、家に帰れば、家族と「ほっこり」とした会話をしているのだろう。まさか、会社の社長がエラソーに家族に説教しているとも思えない。ただ、言葉は心を決めるところがある。激する言葉は自分の心も激させてしまう。場面毎に会話を変える人たちは、多重人格を演じているのだろう。

私は、妻にも、子にも、顧客にも、講演会でも、店員にも、秘書にも、小さな子たちにも、高齢者の人たちにも、通行人にも同じ話し方をしている。そして、この頃、そのような人たちが増えているように思う。旧来のピラミッド型の組織に属せば上下関係に基づく会話は当然の礼儀だ。しかし、社長を「さん付け」で呼ぶ会社が増えていると聞く。ＩＴ関係の経営者などには形式張らずにフランクな会話をする人たちが増えているように思う。

おそらく、それが多様な意見を求める新しい業界のスタイルなのだ。相手との関係に応じて話し方を変え、話し方に応じて人格まで入れ換えてしまう多重人格者は必要がない。組織の役割としての君ではなく、個人としての君の知識と、君が考えていることを語ってほしい。スティーブ・ジョブズの伝記なので、既に旧時代に属するが、次のようなエピソードが紹介されていた。

「ある同僚は、スティーブと議論になり、納得できなかったけれど結局自分が引き下がったと話してくれた。その後、わたしの同僚の意見が正しかったことが明らかになると、スティーブはずかずかと彼のオフィスにやってきて怒鳴りはじめた。『でも、あなたのアイデアですから』と同僚は言った。すると、スティーブはこう返した。『そうだ、俺が間違っていると説得するのがお前の仕事なんだ。そうできなかったのはお前のせいだ！』」（『GREAT　BOSS　シリコンバレー式ずけずけ言う力』キム・スコット著　東洋経済新報社）。

組織であれば上司の指示に従うのが正しい。しかし、新しい時代にはベテランの優位性は存在せず、新人からも知識と情報を得る必要がある。スティーブ・ジョブズという偉大な経営者と私とは比較すべくもないが、誰にでも自由に語ってもらえる空気は大切にしたい。そうでなければ時代に遅れたお山の大将になってしまう。

いや、それよりも、誰にマウントするか、誰からマウントされるか。そのような社会的な上下関係からは卒業したい。旧ピラミッド型の組織に属し、組織の歯車として生きる人たちには望むべくもないが、私たちの仕事では、それが実践されているのだ。個人としての知識と意見を語れない人たちと会話をしても面白くはない。

## 第24 原稿が書けない

いくつかの連載を担当してきたが、それが実感が欠けたテーマではないのかと、いつも反省している。あり得ない事象を、さも、あり得る如く語っていないか。言葉など、なんとでも並べられるが、それが読み手の実感に合致するのだろうか。その判断基準が見えなくなることがあった。それは「百箇条」に限らず、税法、あるいは民法を論じる場合も同様だ。そのようなときに無理やりに想定したテーマは、実感のない仮想のテーマになってしまう。

そのことについて、最近、2冊の書籍から学ばせていただいた。まず、『三日やったらやめられない』（幻冬舎）というホラー作品を得意とする篠田節子氏のエッセイ集だ。篠田氏は、小説家がエッセイを書くことについて「面と向かって嘘をつくのは悪いことだが、ワープロを叩いているときは、どんな嘘を書いてもいい、小さな嘘だからリアリティーがなくなるのであって、どうせつくなら大きな嘘をつけ、などと平然と言い放つ連中に、身辺雑記、自叙伝、自分史など書かせたらどうなることか……」と前書きで述べる。

しかし、書かれたエッセイは読みやすく、読んでいて楽しく、納得感がある。篠田氏が小説で書く嘘は「作り出した嘘」ではなく、人に対する洞察力によって創り出された登場人物の個性なのだと思う。リアルな社会に組み込んだ個性が違和感なく動き出す。「嘘」によって作り替えられた世界の因果関係が矛盾のないリアルな社会として実現する。小説という「嘘」を書くために最初に必要なのは、どこかに現実に存在する誰かの心の動き、いや、自分の心の動き、それと他者との関わりによって実現する必然性なのだと思う。

私が原稿を書けなくなるときは、事象に対する洞察力のないままテーマを想定し、それで文章を完成させてしまおうとしている。篠田氏のエッセイを読んで恥ずかしくなり、書き途中のテーマの1つをボツにした。読み手を言葉で騙してはならない。いや、しかし、篠田氏が書く嘘、『カノン』『神鳥イビス』『ハルモニア』などのホラー小説が、どのような思考過程から登場してくるのか不思議で仕方がない。

篠田氏のエッセイに比較するのが、その直前に読んだ社会学者の1冊だ。著書名を掲げるのは避けるとして、よくテレビで見かける社会学者だが、この1冊を読み進めるのが嫌になってしまった。そもそも生活実感のない著者が文字だけで文章を作る。従業員と自分の人生を背負った経営者の経験も、他人の人生について責任を負う専門職の経験も、屈辱に耐え、恥をかきながら仕事をする大多数の人たちの経験もない。そのような生活実感を持たない社会学者が語る社会を分析する書。おそらく、著者は、自分の人生観の浅さに気付いていない。文系の大学教授のほとんどは、そのような人たちだけれども、いや、だからこそ、最近、文系大学の存在価値が問われている。

社会事象を分析する多数の出版物が売り出されている。それが生活実感に基づく分析なのか。そうでなければ小説を読んだ方が良い。良い小説には、嘘をストーリーとした社会事象と人間に対する深い観察力が表現されているからだ。

## 第25　税法、登記、銀行、それに保険

多様な事案の処理をする場合に必要なのが「税法」「登記」「銀行」、それに「保険」という視点だろう。

個人所有の車両を会社に譲渡して社用車として利用する。減価償却後の簿価（それが通常は時価）を支払い、会社の貸借対照表に計上すれば税法上の処理は完結してしまう。しかし、その車両が事故を起こしたときに自動車損害賠償責任保険が支払われるのか否か。

契約者の事故率によって保険料率が異なる賠償保険が、所有者変更の事実を無視して素直に支払われるとは思えない。実は、私にも、新社への事業譲渡の処理についてヒヤリとした経験があるのだ。

遺産の換価代金を公益団体に寄附するという遺言にも困ることがある。これが公益団体に直接に遺産を遺贈するのなら課税関係も登記手続もシンプルだ。40条申請をすれば譲渡所得課税も免除される。

しかし、公益団体は現物を受け取ることを嫌う傾向があり、遺言執行者による換価が必要になる。その場合は、相続人への相続登記と、その後の売買の登記が必要になる。つまり、相続人に対する譲渡所得課税が行われてしまうのだ。財産をもらえないのに所得税を負担することになってしまう。

信託を利用する場合も「登記」と「銀行」が登場する。委託者（母親）が所有する資産を受託者（息子）名義に移転登記をした場合だ。税法上は自己信託なら譲渡所得課税はない。年老いた母から息子に所有名義

を移転することで管理の自由さを確保できる。格段に便利な手法が信託なのだが、次には銀行が登場する。

「民事信託で『信託内借入』が実現しない最大の理由は」「民事信託（家族信託）は商事信託と異なり、信託契約書のフォーマットが統一されていないため案件毎に信託契約の内容や条文が全て異なるため、金融機関では案件毎に信託契約書の内容を顧問弁護士にチェックしてもらうことになり時間とコストがかかる」（「民事信託と商事信託、使いわけの分岐点」スターツ信託株式会社　税理　２０１６年９月）

私も、銀行からの融資の相談にＮＯを出した経験がある。信託不動産を売却する必要が生じたときに、買い手が受託者からの買い取りを納得するか。さらに受託者を登記義務者とする移転登記が受理されるのか否かも不安だ。信託不動産の譲渡についての登記先例は少ない。さらに信託不動産に大規模修繕などの損失が生じた場合は、事業年度毎に損失が切り捨てになるという「税法」も登場する。

法律の主役は民法であり、会社法なのだが、現場の実務に、この2法が登場することは少ない。民法が登場するのは当事者間に争いが生じて弁護士が介入した場合に限り、会社法が登場するのは上場会社か、あるいは会社に内紛が生じて弁護士が登場した場合に限る。

民法や会社法に比較して辺境の地にある「税法」「登記」「銀行」とのお付き合い、そして「保険」。実務を処理する上での注意すべき事項として失念しないでほしい。

## 第26 生き心地の良い仕事

全国平均に比較して格段に自殺者が少ない徳島県海部町。その町に調査に入った女性研究者の『生き心地の良い町』（岡壇著　講談社）が面白かった。自殺者が多い理由は解明できるとしても、自殺者が少ない理由の解明は難しい。そのような同僚の意見を退けて挑戦する研究者としての勇気。海部町で多様な人たちにインタビューをして原因を追究していくミステリーのような展開。そのような地道な活動によって研究報告が作られるのだと興味深い一冊だった。

町の人たちが言い習わしていた「病、市に出せ」という格言、つまり、悩み事は大事になる前に相談すれば周囲が何かしら対処法を教えてくれる。特殊学級などその子を別枠に囲い込むのは反対。「いろいろな人がいてもよい」という考えを超えて、「いろいろな人がいた方が良い」という考え方などだ。

そして著書が最後に語る事象は興味深い。「分析結果を見ると『幸せ』と感じている人の比率は海部町が比較対象にした3つの町の中でもっとも低い一方で、『幸せでも不幸せでもない』と感じている人の比率はもっとも高い。また、『不幸せ』と感じている人の比率は3町中もっとも低かった」

海部町の幸せ度は高いと考えていた著者の自問自答が始まり、この結果を示された海部町の人たちの意見が紹介される。「『ほれが（幸せでも不幸せでもないという状態が）自分にとって一番ちょうどええと、思とんのとちゃいますか』そう言った人がいた。〝ちょうどいい〟とは、分相応という意味でしょうかと私が尋ねると、その人は少し考えたのちに、『それが一番心地がええ、とでもゆうか』と言い足した。同じようなことを言った人が、ほかにも数人いた」

著者は次のように分析する。「『幸せでも不幸せでもない』という状況にとどまっていれば、少なくとも幸せな状態から転落する不安におびえることもない。そういうことを、この人は言いたいのかもしれない」。幸せでもなく、不幸でもない。それが〝ちょうどいい〟という落ち着いた居場所になる。

その結論を読んで、私は、税理士業界の居心地の良さを再発見できたような気がした。大規模な税理士事務所を作り上げた成功者（?）もいるが、多くの税理士は数人の職員で自分の事務所を経営する。同業者と競うこともなく、規模の拡大を求めることもない。それが〝ちょうどいい〟という居心地の良さを作り出しているのだと思う。

サラリーマンなら常にピラミッド型の組織を意識させられ、営業マンであれば壁に貼り出された営業成績を意識させられる。そこには上位2割と下位2割のみが存在し〝ちょうどいい〟という生き方は中途半端でしかない。弁護士は常に競っていて〝ちょうどいい〟という生き方ができない。日々の訴訟で競うだけではなく、常に他の弁護士より優位を目指すのが弁護士だ。お互いに戦う相手なのだから負けてはいられない。

〝ちょうどいい〟という税理士の生き方、いや、それは私の生き方でもあるのだが、それが、私が、この業界に居心地の良さを感じる理由なのだと思う。

## 第27 配偶者居住権の矛盾

民法は配偶者居住権という制度を新設した。しかし、相続事案の解決のために配偶者居住権を使用する場面が思い当たらない。仲が悪い相続人が利用するとは思えないし、仲が良い相続人が利用するとも思えない。しかし、配偶者居住権も目的外使用としては有効に活用できる。

まず、受益者連続信託に代わる利用だ。後妻に居宅を相続させるが、後妻が死亡した場合は先妻の子に居宅を承継させたい。そのような場合に利用するのが受益者連続信託だが、後妻が相続した時点で相続税が課税され、子が取得した時点でも相続税が課税されてしまう。第1次相続では配偶者の相続税額の軽減や小規模宅地の特例で相続税が生じることは想定されないが、第2次相続では一親等の血族以外の者への遺贈として2割加算の相続税を負担することになってしまう。

そこで配偶者居住権を利用する。第1次相続では相続財産は配偶者居住権と、その負担の付いた土地建物に按分される。第2次相続の段階で配偶者居住権は消滅するが、その場合でも子への相続税の課税はない（相続税法基本通達9－13の2）。つまり、一度の相続であり、それも相続税の負担額が半減するというメリットがあるのだ。

これは相続税の節税策として利用できる。後妻の場合に限らず、母親に配偶者居住権を取得させれば、土地建物を相続した子が負担する相続税額は半減する。そして母親が死亡した時点での相続税の課税はない。受益者連続信託について、第2受託者（子）への受益権の移転には遺留分が行使できないが、配偶者居住権の場合も母が死亡した段階の第2次相続について遺留分は行使できない。遺留分を渡したくない相続人がいる場合の嫌がらせにも利用できる。

矛盾のある制度は、さらなる矛盾を作り出す。状況が変化し、母親が、配偶者居住権を放棄する。そのような場合には、その時点の配偶者居住権の評価額について子に対して贈与税が課税されてしまう（前掲通達）。この場合でも、母親からの贈与について、相続時精算課税を利用すれば実害は防げる。

配偶者居住権を、時価相当の対価を支払って有償で取得すれば贈与税の課税は行われない。では、有償譲渡した母親は総合課税の譲渡所得なのか。配偶者の所得計算では、配偶者居住権の取得価額はゼロなのか。配偶者居住権を消滅させて土地建物を売却する場合に、子が同居していた場合、子は居住用資産の譲渡所得の特例が受けられるのか。母親に支払った対価は取得価額に算入されるのか。

それら課税関係について課税当局に苦情を言おうとは思わないし、これら制度を利用して節税しようとも思わない。会社法の制定についても、民法相続編の改正についても、国税担当者は意見を述べる機会が与えられず、改正された制度を前提に、整合性のある税法を作り上げる義務を課される。国税担当者の苦労と優秀さは常に感嘆するところだ。今回も上手に整合性のある通達を制定してくれた。しかし、目的外にしか使用できない制度を作った民法相続編の改正担当者は何を考えているのか不思議に思う。

## 第28　遺留分侵害額の請求という制度の疑問

民法は、遺留分減殺請求を「遺留分侵害額の請求」という手続に改正し、遺留分権利者の請求を金銭請求に限った。遺留分減殺請求の場合は、遺留分の行使によって遺贈財産が当然に共有になったが、それでは「円滑な事業承継の阻害要件になる」というのが理由だ。

しかし、従前の制度でも遺留分相当の価額弁償金を支払うことを認めていた。なぜ、現物分割と価額弁償という受遺者の選択権を奪って、金銭請求権に限る必要があったのか。これが1つ目の疑問だ。

遺留分侵害額の請求の相手方になった者は金銭を準備しなければならない。相続財産を換価する場合の所得税は遺留分義務者の負担だ。それが2つ目の疑問だ。遺留分を無視した遺言書は怖くて作成できない。

改正前は、「遺留分減殺請求があった場合はA土地から充当する」という指定が可能だった。金銭の支払のみとされた改正法においては、そのような指定は行えない。これが3つ目の疑問だ。遺留分侵害額を請求する側の立場で考えれば、不利益な資産を押しつけられる危険がなく、金銭を受け取った後に相続税を申告すればよいのだから安心だ。

遺留分侵害額の請求を受け、遺産の一部を交付した場合の課税関係が4つ目の疑問だ。現物による履行は、「その履行により消滅した債務の額に相当する価額により当該資産を譲渡」したこととなる（所得税基本通達33―1―6）。

相続財産の分配は、それが法定相続の場合も、遺留分が請求された場合も、遺産の分配であって、相続税の範疇で処理されるのが当然だと思う。遺言書に反する遺産分割も認められていたが、今後は、遺言書に反する遺産分割には譲渡所得課税が行われるのか。これが5つ目の疑問だ。

遺留分侵害額の請求を相続開始前10年間の贈与に限った。しかし、遺留分権利者に損害を加えることを知った贈与は除かれる。事業承継のための株式の贈与は、必然的に高額になり、財産の大部分を占めることになると思う。それが10年間の制限に服さず、永久に遡って遺留分の対象になるのであれば、遺留分制度を金銭請求に限った立法理由、つまり、「円滑な事業承継の阻害要件」を解決するという立法理由を減じてしまう。それが6つ目の疑問だ。

仮に、妻が住まう居宅が、第三者に遺贈されてしまった。従前の遺留分減殺請求であれば、遺留分権利者（妻）は、受遺者に対して、遺留分減殺請求を行為し、共有持分を取得することで居宅を取り戻す交渉の糸口が掴めた。しかし、遺留分侵害額の請求では、妻は金銭請求しか行えない。これが7つ目の疑問点だ。

遺留分侵害額の請求を受けたが支払う資金がない。裁判所は履行についての期限の猶予を求める（民法1047条）が、どの程度の期間の猶予が与えられるのか。長期間の猶予が認められるとは思えない。なぜ、このような制度を設けたのか。これが8つ目の疑問だ。

なぜ、このような改正が行われたのか。遺言書の作成について相談を受けた場合には、これら問題点を意識し、これを解決する手法を提案しなければならないが、それが可能だろうか。

## 第29 遺留分侵害額の請求という制度の疑問（の解決策）

遺留分侵害額の請求に対して支払う現金が準備できない。遺産の一部を交付したいが、それが認められない。そのような問題に対する解決策に次の遺言はいかがだろうか。

「次男から遺留分侵害額の請求があった場合は、長男に対するA土地の遺贈は効力を失う」という条件付遺贈だ（民法985条）。つまり、A土地は未分割財産になるので次男の遺留分は侵害されないことになる。

その場合に対象とすべき資産は別荘など誰も欲しがらない資産でよい。さらに工夫をするのなら同族会社の株式を無議決権株式にして、それを割り当てればよい。遺留分権利者も、換金できない資産を相続したら、相続税を納められず相続破産になってしまうのだから遺留分侵害額の行使を断念すると思う。これが対策1だ。

次が特定遺贈を利用する方法だ。「全ての遺産を長男に相続させる」。そのような遺言では長男は相続を承認するか、放棄するかの選択になってしまう。そこで「相続させる」遺言ではなく、「特定遺贈」を使う手法だ。特定遺贈であれば個々の財産について承認と放棄の選択が可能だ。遺留分侵害額の請求をされた場合は不要な財産の遺贈を放棄する。この方法なら遺言書に「遺留分」という言葉を書き込まなくて済む。これが対策2だ。

「全ての財産は配偶者に相続させる。ただし、配偶者の判断で、遺産の一部を他の相続人に相続させることを認める」。そのような遺言書はいかがだろうか。遺留分侵害額の請求がなされた場合に限らず、配偶者の意思で遺産の一部を他の相続人に配分することを認める。妻と他の相続人に対する愛情を込めた遺言書だ。これが対策3だ。

このような遺言が第三者との関係で有効だろうか。改正された民法相続編は、法定相続分を超える部分については、第三者に対する対抗要件として登記を要することにした（民法899条の2）。登記がなければ法定相続分を超える取得が対抗できないのであれば、超える部分についての特約を記載した遺言書を無効にする理由はないと思う。

遺留分侵害額の請求を相続開始前10年間の贈与に限った。しかし、事業承継のための株式の贈与は必然的に高額になるので、相続時精算課税、あるいは事業承継税制を利用した贈与は「当事者双方が遺留分権利者に損害を加えることを知って贈与をした」に該当してしまう（民法1044条）。そもそも特別受益については10年の制限も適用されない。

その場合は、株式の贈与の後に株主割当の有償増資を実行すればよいと思う。仮に、株式評価額が1株100万円の場合に、旧額面額5万円で10倍への増資を実行してしまうのだ。遺留分侵害額の対象に含まれるのは贈与された1株であって、有償増資で取得した9株が遺留分の計算に含まれることはない。そして、その1株には10分の1に薄まった相続発生時点の評価額が採用される（民法904条）。これが対策4だ。

今回は平和な村に住む税理士の知恵ではなく、戦場で戦う弁護士の知恵で対策を検討してみた。もちろん、遺留分など考える必要のない相続が理想なのは言うまでもない。

# 第30　税理士、税務署、弁護士、裁判所

世の中の事象の流れは次の通りだろう。まず、取引、相続、事故などの民事的な事象が発生する。そして、それがトラブルになれば弁護士が登場し、その次には裁判所が登場する。その結果を受けて税理士が登場して税務申告書を作成する。最後には税務署が申告書の内容を調査する。

つまり、弁護士、裁判所、税理士、税務署の順番で登場するのが社会現象だ。しかし、現実は逆だと思う。そのことに気付いたのは弁護士のメーリングリストでの発言だ。「いまこそ『信託の時代』です」「信託法について、施行後10年以上も経っているのに『分かりません』と言えますか」。つい最近、そのような発言を目にした。

私がｔａｘＭＬのメンバーと『一般社団法人 一般財団法人 信託の活用と課税関係』（ぎょうせい）を出版したのは平成25年10月だ。それに先立ち平成24年8月には「Q＆A一般社団・財団法人、信託の賢い利用と周辺の税務」速報税理の特集号を発行している。信託などは、まさに10年前の話題だ。

その視点で考えてみれば、時代のスピードは、税理士、税務署、弁護士、裁判所の順番なのだと思う。改正税法を知らなければ税理士は税務相談に応じることができない。だから前年の12月に発表される自由民主党の「税制改正大綱」から改正税法の学習が始まる。翌年3月の立法段階では、ほぼ改正税法の理解は終わり、その次に出てくる通達を心待ちにしている状態だ。その後の1年間は新しく登場した制度の講演会が盛

りだくさんで、解説書も大量に出版される。

そして、それら改正法を受けた税務申告書を作成して税務署に提出するのは1年後だが、税務署は、その申告書が3年分について集まった段階で検討を始める。つまり、税務職員が改正税法を学び始めるのは改正から4年後になるのだ。

その過程でトラブルが発生し、紛争が発生し、弁護士が新しい制度に興味を持ち始める。それが、いま弁護士が騒いでいる「信託」なのだろう。しかし、弁護士が騒ぎ始めただけであって、信託や、一般社団法人についての裁判例は、まだ、1つも登場していない。信託や、一般社団法人についての争いが起きて、その判決が登場するまでには、さらに3年、5年を待たなければならない。

一般には、税理士は後始末をする職業だと思われている。しかし、実際には、時代の最先端を走る干支のネズミなのだと思う。現実に、新しい制度が登場すれば、それに応じた税法が必要になり、法律改正があれば、それに応じた税法の改正と通達の制定が必要になる。

既に、配偶者居住権や遺留分侵害額の請求など民法相続編で新設された制度についての通達が公表されている。新しく採用された制度は、税法という視点でなければ理解できない。信託、一般社団法人、配偶者居住権という制度を税法を知らずに理解することは不可能だ。

しかし、配偶者居住権について訴訟が起きて、その判決が登場するのは5年後、10年後だろう。私たちは時代の最先端を走っている。その実感が分かっていただけただろうか。

## 第31　組織再編成に係る行為又は計算の否認

１００％支配の子会社Ａの事業の全てを、別に設立した子会社Ｂに譲渡し、親会社は事業を廃止した子会社Ａを吸収合併し、子会社Ａが有していた青色欠損金を承継した。そのような事案について組織再編成に係る行為又は計算の否認（法人税法１３２条の２）が適用され争いになっていたが、東京地裁は令和元年6月27日に納税者敗訴の判決を言い渡した。この判決は最高裁令和3年1月15日の上告棄却決定で納税者の敗訴が確定している。

裁判所は次のように判示した。「本件合併は、形式的には適格合併の要件を満たすものの、組織再編税制が通常想定している移転資産等に対する支配の継続、言い換えれば、事業の移転及び継続という実質を備えているとはいえず、適格合併において通常想定されていない手順や方法に基づくもので、かつ、実態とはかい離した形式を作出するものであり、不自然なものというべき」

１００％支配の子会社であれば、事業実態のない子会社であっても、吸収合併し、青色欠損金を承継するのは自由だ。それが組織再編税制を議論する人たちの常識だった。しかし、それは違うのだ。組織再編税制は条文、要件、形式で語られることが多い。しかし、本来は立法趣旨、経営の必要性、行為の実態で論じられるべきであることは、他の法律や、他の税法の場合と異ならない。

完全支配の子会社を解散した場合は青色欠損金が承継できる（グループ法人税制）。だからといって「青色欠損金と事業」で成り立つ会社から、事業部分（従業員という生モノ）を切り離し、青色欠損金のみの会社にして、吸収合併の方法で子会社の別表7（青色欠損金）を引き取る。それは別の話だ。

婚姻の意思があり、その後に婚姻届が必要になるのであって、婚姻届のみが法律要件として存在するわけではない。実態のない組織再編は偽装結婚と同じだ。今まで組織再編税制は条文、要件、形式で語られることが多く、実態が必要という議論が為されることがなかった。

いや、このことは以前から指摘されていた。「やはり事業上の目的は税務の目的よりも上に来ないと、行為計算否認の適用がないとしても、必ずそこは論点になりますよね。『なぜそうしたんですか?』と聞かれ、『税で認められているのでいいじゃないですか』といったやり取りだとすると、その先にあるものが想像できますよね」「つまり、形式的に充足したとしても、実質的な面から行為計算否認の適用はあり得るということで全体として制度が構成されているので、『形式的なところが充足されればそれで認められるのではないか』というのは、極端に言えば、半分しか説明していないような感じがします」。これは『企業組織再編税制及びグループ法人税制の現状と今後の展望』（大蔵財務協会）という書籍に収録された立案担当者の言葉だ。

形式的にはOKであっても、実態がない再編行為はダメ。何のために実行したかと問われて「節税です」としか答えられない取引を保護する必要はない。消費税法や組織再編税制は要件で語られることが多い。しかし、法律は、どのような法律であっても立法趣旨と保護法益で論じられるべきであって、そのことを前提にしない「要件」は存在しない。

## 第32 フリーランスという生き方

フリーランスという生き方を実践した会社がある。体脂肪体重計やタニタ食堂で話題の株式会社タニタ。そこの社長が従業員に対して個人事業者として独立するシステムを提供した。

「働き方改革」についての関心が高まっている。

「しかし私は、会社から言われて『やらされる仕事』は結局、社員本人には面白みが感じられないので、どんなに労働時間を短くしたり、休みを増やしたりしても、モチベーションは上がらないのではないかと思っていたのです」『タニタの働き方革命』（谷田千里＋株式会社タニタ編著　日本経済新聞出版）

タニタのシステムは、個人事業者に移行後も、少なくとも3年間は会社の仕事を請け負えることを保障し、さらに追加の業務については成果報酬が別に支払われる。出勤日数、出勤時間という縛りはなくなり、他社から仕事を受注するのも自由になる。

社長が、サラリーマンの働き方を否定し、社員に個人事業者としての生き方を推薦する。凄いことだと思う。社員に生きがいを持ってもらうために、そして会社の生産性を上げ、社員の離職率を減らすためには、それが必要なのだという。

私も、サラリーマンとしての生き方には基本的な欠陥があると思っている。まず、会社の方を向いて、会社の意向に添い、会社のために働くという基本的な構造だ。「かんぽ生命と同社の保険を売る日本郵便が行った不適切な疑いのある保険販売は9万3000件にのぼり、契約者などから相談や苦情が相次ぐ」。そのようなニュースがあるが、これは顧客ではなく、会社に顔を向けて働くサラリーマン制度に根本的な原因があるのだと思う。会社の壁に貼られた成績表が働くことの動機であって、顧客の満足、感謝、そして顧客からの報酬は直接の動機にはならない。顧客と直接に向き合い、自分の努力を成果に結びつける。それこそがやりがいのある仕事ではないのか。

それでも終身雇用が保障されていた時代ならサラリーマンは気楽な稼業だったのかもしれないが、いま、リストラという名の整理解雇が当たり前に実行される時代だ。新卒採用の人たちの3割は3年以内に退職するという。そして人生100年の時代に60歳、65歳で職を失うという生活。各々の会社のルールに従い、他の会社には適用できないスキルを積み上げる会社員としての生活は個人としての成長につながらない。

私たちは、税理士として独立したときからフリーランスだった。そして、正面から顧客と向き合い、顧客からの評価を得て、顧客から報酬をもらう。経験と知識の修得が最大の報償であり、その知識を次の仕事に活かす。毎年に改正される税法と、それを習得するという陳腐化とは無縁の資格。全てを自己責任と自己の収支の基に事務所を経営してきた経験。

タニタの社長さえフリーランスと言い出す時代を予想したわけではないが、しかし、この道を選んだのは、偶然ではなく、自分自身の人生の必然性だ。先を見る目があったことを喜ぼうと思う。

# 第33　風景を語る

なぜ、皆さん、文字を並べて風景を語るのだろう。

私は、コラムを連載しているので、他の方の文章の書き方が気になる。いや、全く気にならない。しかし、少しは気にして他の方の文章を読んで学習すべきだろう。そして、他の方のコラムを読むのだが何の参考にもならない。

それは偉大な作家の場合も同様だ。最近に手にしたのが林真理子氏の『美を尽くして天命を待つ』（マガジンハウス）。著者が、自身がブスでデブで不健康だと語る自虐的な一冊で、作家なので文章としては完成しているが何も語らない。

これは作家の素人向けの文章に限らない。最近に目にした日本弁護士連合会の機関誌『自由と正義』に書かれた譲渡所得課税についての一文。「個人から法人に対する贈与・遺贈の場合及び限定承認がなされた場合」には譲渡所得課税を行うと解説するが、なぜ、贈与なのに譲渡所得課税を行うのか、なぜ、限定承認の場合も譲渡とみなすのか。それらの理由を語っていない。つまり、所得税法59条に書かれた「風景」を語るだけだ。

これは弁護士の文章に限らず、税法の場合も同じだ。「完全支配関係が継続することが見込まれていることが必要」と語るのが、最近に手にした解説書の一文だが、なぜ、継続保有の意思が要求されるのかという理由を語らない。

しかし、文章を書くことは、「風景」を語ることではなく、理屈を語ることだと思う。つまり、その事象の因果関係を求めて答えを得る。それは法律や税法に限らず、人生の全てに通じる思考法だ。

「空から雨が降ってくる」。これも風景を語る一文だが、なぜ、空から雨が降ってくるのか。空にも海があるのか。なるほど、だから、空は海の色なのだ。それは創り主の2日目の技なのだ。

「ついで神は『大空よ。水の間にあれ。水と水との間に区別があるように』と仰せられた。こうして神は、大空を造り、大空の下にある水と、大空の上にある水とを区別された。するとそのようになった。神は、その大空を天と名づけられた。こうして夕があり、朝があった。第二日」。これが旧約聖書の中の創世記の一文だが、聖書の時代でさえ、風景を語るだけではなく、空から雨が降ってくる理由を求めていた。

ちなみに「継続保有の意思」だが、その方程式は次のようになる。仮に、3億円の含み損を有する土地を適格分社型分割で子会社に移動する。そうすれば親会社が取得する子会社出資金と、子会社が所有する土地の両方に3億円の含み損を作り出すことができる。そして親会社が子会社株式を売却し、子会社が土地を譲渡することで3億円の含み損を二重に利用することができる。そのような二重の含み損の利用を防止するのが「なぜ」なのだが、多くの解説書は風景しか語らない。

仮説を設定し、方程式を構築し、その解を求める。これは数学に限らず、民法、税法、人生の全てに共通する視点だ。社会事象を風景として捉えていては教訓にはならない。

# 第34　若者に学ぶ

ネットのファッションサイトでの買い物に凝っている。スーツで事務所に通うのなら悩むことはないが、この頃、事務所にはポロシャツなど軽装で通っている。メガバンクでさえ総務部門など顧客と接点がない行員はポロシャツやチノパンなど自由に服装を選べると報道されている。私が、スーツを着て事務所に通う必要もない。

しかし、ファッションを求めて店舗を回るほどの熱意もない。そこでネットの利用だ。どうやって商品を選ぶのか分からなかったが、若者に相談するとブランドで選べば間違いがないと教えてくれた。なるほど、確かに、実店舗で購入したことがあるブランドであればイメージが分かるし、サイズも間違えない。返品についても一抹の後ろめたさを感じていたが、それでも何着かは購入するのだから良い客だと思うと説明してくれる。いま、さらに発展してAmazonを利用している。日本のファッション業界の特殊性なのか、日本のサイトに比較し、Amazonの販売価額は半値に近いような気がする。

ながながと私の買い物のことを語ってきたのは、いま、私たちが利用しているサービスの大部分は、この10年内に出現したものであるということ。Google、iPhone、Amazon、ヤフオク、LINE、Facebook、Instagram、TikTok、Chatwork、Dropboxなどのオンラインストレージサービス、そして物流を担う宅配便。事務所を見渡しても、それ以前の発明品は固定電話、コピー機、ＦＡＸ、それにデスクと椅子しか存在しない。そして新しい技術の出現が続く。

「豊富な経験を持つベテランだからこそ大きな結果を出せる。終身雇用と年功序列を保つ日本型雇用はこんな前提で成り立ってきた」「だがＩＴの普及で情報量は爆発的に増えて知識は短命化し、経験がものをいう領域は小さくなりつつある」。これは日本経済新聞の「消えるベテラン優位　働き方進化論」が語る一文だ。

大企業の情報に比較して格段に劣っているのが個人事務所を経営する私たちだ。30年前に開発されたシステムを利用して事務所を経営する。改革を必要としない便利（慣れ）さがあるのだと思うが、しかし、それを検証し続けなければならないのが今の時代だ。

税理士事務所の経営で必要なのは、いま、税法の知識が4割、ネットの知識3割、人生の知識3割。人生の知識は高齢者から学ぶとして、ネットの知識は若者から学ばなければならない。

弁護士や税理士が時代に遅れているのは、資格者商売という思い込みで、ボスが全てを担当しているからではないか。いま学生に学ぶべき時代だが、私たちの事務所では、常に新卒社員を採用するという贅沢な環境は確保できない。

それにしてもボスが、新しい知識を開拓するのではなく、一番の若手に担当してもらった方が効率的だ。企業では、それらは若手が担当し、部長は担当していない。古い知識と経験を振り回し、若い人たちを若輩者（未熟）と考える時代ではない。若者こそが、いま、高齢者の教師なのだ。

## 第35　知識は流れる川の渦

命という存在を探し求めた生物学者が書いた一冊『動的平衡　生命はなぜそこに宿るのか』（福岡伸一著木楽舎）。結局、命を探し当てることはできなかった。なぜなら、命はモノではなく、タンパク質（正確に言えばその構成要素であるアミノ酸）の流れこそが命だからだ。

「生体を構成している分子は、すべて高速で分解され、食物として摂取した分子と置き換えられている」「分子は環境からやってきて、一時、淀みとしての私たちを作り出し、次の瞬間にはまた環境へと解き放たれていく」「つまり、そこにあるのは、流れそのものでしかない。その流れの中で、私たちの身体は変わりつつ、かろうじて一定の状態を保っている。その流れ自体が『生きている』ということなのである」

川を流れる水が渦を巻いている箇所が命そのものなのだ。だから、タンパク質（アミノ酸）の流れが止まると同時に、即、渦（命）は消える。

これは知識についても同じなのだと思う。物知りというストックではなく、常に流れる情報が知識という存在であって、流れが止まったときには知識は化石化してしまう。知識を得て、記憶し、ストックする。そのような手法ではなく、常に、流れる情報の中に身を置くことが必要なのだ。

それでも昭和年代の判決を引用する裁判制度ならストックでも生きていける。しかし、一昨年にも、昨年にも改正された小規模宅地特例などの流れる情報の世界に身を置く税理士には、知識は、常に流れる川であり、私の知識は、その流れる川の中の渦でしかない。

インターネットが登場する前の社会では、流れる情報は毎月、あるいは毎週に送られてくる税法雑誌であり、弁護士の場合なら判例雑誌だった。しかし、いま、ネットの社会、流れる情報は印刷した資料に限らない。私の場合なら、流れる情報は、毎月3000の発言数を維持するtaxMLというメーリングリストであり、同業者、あるいは顧問をさせていただいている税理士事務所からの質問という形で入ってくる。私が関心をもっていなかった箇所、いや、関心をもつこともできなかった箇所について流れる情報。それがさらなる知識の膨らみを生み、より濃い流れを作り出している。

勉強することでもなく、知識を蓄えることでもなく、ただ、流れる情報の中に身を置いて生活する。そこで出会った疑問は、また、流れる情報の中から答えを見つける。それが可能になったのがネット社会なのだと思う。

ネットが出現する以前の社会では孤独に書籍を読む人たちが優秀な人たちだった。いま、身の回りに流れてくる情報が多い人たち、品質を維持した情報を流せる人たち、品質を維持した情報を受け取れる人たち、それを自分の身近に渦として活かせる環境を確保した人たちがネット社会での知識人であり、仕事をしていること、生きていること、楽しんでいることになる。もし、今も書斎人を演じているとしたら、それは昭和の時代の知識人であることを指摘したい。

# 第36　税理士、弁護士、会計士の距離は遠い

税理士の資格がある弁護士なので相談がしやすい。そのようなお褒めの言葉をいただくことがある。税理士も身近に弁護士を置くべき時代だ。そのような意見を聞くこともある。ただ、それは違うのだと思う。

そのように語る人たちは、おそらく、税理士、弁護士、会計士は国家試験に基づく同種の職業であり、専門とする分野が異なるだけで、考える内容は共通する同業者と認識しているのだと思う。しかし、それは違うのだ。

これら3つの職業の間の距離と比較すれば、税理士は、よほど八百屋の親父やトラック運転手との距離が近く、弁護士はヤクザか芸術家との距離が近く、会計士は公務員に近いと思う。

税理士は、税法の知識を語り、日々、研鑽してミスが生じないように神経を使う。その意味では3者の国家資格としての心構えは同じだ。しかし、税理士が語ることは常識であり、常に社会の常識という落ち着きどころを探す。これは八百屋の親父も、トラック運転手も同じだろう。つまり、日々、語る会話が社会の常識の中に収まるのだ。

それに対して、弁護士は、ヤクザか芸術家に近い。常識の範囲の外にある発想を尊ぶのが弁護士であり、芸術家なのだ。有罪の被告人を無罪にして、実際には存在する債務を踏み倒すのが弁護士の仕事だ。

原告の主張を正面から受け止めて、それに反論する。そのようなことなら誰でも良いのであって、弁護士

としてのオリジナリティ（才能）は発揮できない。相手方が予想もしなかった主張を持ち出すのが優秀な弁護士であって、自分が予想もしなかった主張が持ち出されるのを常に恐れるのが弁護士だ。多くの人たちが無理だと思う事件を斬新な主張で勝訴に導く。それが弁護士の誇りだ。日産自動車のゴーン会長を無罪にすれば弁護士は賞賛される。

会計士は公務員に近いと思う。我が家の近くの通学路に斜めに傾いた大谷石の塀があった。一番上の段は子供たちの背丈よりよほど高い位置にある。いつ、落ちてくるのか心配していたが、いつになっても対策が取られる気配がなく、遂に区役所に電話をすることになった。今どきなので役所の担当者は、即、対応してくれた。しかし、それで終わりだった。役所の職員は、住人に注意し、対処するように伝えた。そこで仕事は終わりなのだ。「私は職務を尽くしました」。それが彼の立場なのだが、これは会計士の立ち位置に似ている。

社長と取締役が結託して行う粉飾など見つけられるはずがない。それでも金融庁に対しては充分で正当な監査手続を実行したことを弁明しなければならない。その弁明のために日々監査手続を行っているのが会計士という人たちだ。株主からの損害賠償請求には保険が適用になっても、金融庁の業務停止処分をカバーする保険はない。

自分に思い付かない解決策を求めるのなら弁護士が役立つ。しかし、こちらが弁護士をつけたことで、相手にも弁護士がついた場合は、想定外の方向に話が進展してしまう。各々の職業の個性を理解し、劇薬の服用には慎重さが必要だ。それが我ら国家資格3兄弟の立ち位置だ。

## 第37 納税義務は民主主義の基本

預金残高で事務所を管理している。いや、人生を管理しているのだが、7月と8月は預金残高が増えずに楽しくない。そのように思っていたら、昨日には事業税の納税通知書が送付され、今日は消費税の納税通知書が到着した。所得税の本税と消費税、所得税の予定納税、住民税、事業税、消費税の中間納付、そして、再度の所得税の予定納税が続く。1年間を通していつも税金を納めている気分だ。

この負担感こそが、納税の義務について地に足がついた実感であり、まさに、納税義務こそが民主主義の基本といわれるところだ。

これらを全く経験しないサラリーマン氏は、一生に一度でも、税金を意識することがあるのだろうか。消費税は意識するかもしれない。しかし、最低でも数十万円単位、常識的には数百万円単位の金銭を納税するなどは、幸運に恵まれ、相続財産が手に入る場合を除き、サラリーマン諸氏は一生に一度も経験しないと思う。それは税務職員も同じだ。

民主主義の基本は納税の義務だが、それを一度も経験したことがない税務職員が、納税者に対して「納税の義務」を説教する不思議。小学校の税金教室で講演する税務署長は税金を一度も納めたことがないのだ。

もし、私が小学校で税金を語るとしたら1年間の納税スケジュールと納税額を語りたい。それを納税者が自主申告することが民主主義の基礎であることを語りたい。

私を含めた事業経営者、そして中小企業を経営する社長は、自ら記帳し、納税額を算出し、自由意思に基づき、自分に不利益な事柄を税務署に申告し、納税するという申告納税義務を果たしている。まさに、教会の懺悔と献金に匹敵する正直さが基になっているのが自主申告制度だ。

事業経営者は、本当のところ、脱税しようと思えば容易に実行可能だ。しかし、「税務調査があるから」という理由を超えて、多くの経営者は真面目に所得税、あるいは法人税を申告している。命の次に大切というカネについて誤魔化さずに正直に申告する。これは、人間として褒め称えるべき倫理の基準だと思う。そのような制度が申告納税以外に存在するだろうか。

社員が独立し、フリーランス（事業経営者）になることを推薦している体脂肪計メーカーのタニタ。そこで事業経営を選んだ社員がインタビューに答えている。「1年目、収入はかなり増えました。ただ増えた分、住民税と国民健康保険料の負担がかなり大きくなったのは驚きでした。そういう税金・社会保険はこれまで天引きされていて、自分自身で払っている感覚もなかったので、余計リアルに感じた面もあります」（「『会社の顔』が個人事業主に　タニタ改革の満足度」日本経済新聞令和元年10月15日朝刊）

サラリーマン諸氏は事業経営者は脱税していると非難する。もし、税務職員とサラリーマン諸氏に自主申告を認めたら、事業経営者とは比較することもできない多数の脱税事案が出現すると思う。納税義務は民主主義の基本。私たちは、誰から褒められなくても、その倫理の基準を実践しようと思う。

## 第38　才能は知性ではなく個性

才能は、知性だと思っていたが、そうではなくて個性なのだと思う。私自身を内省してみれば、今の自分が存在するのは知性ではなく、個性だ。つまり、標準からのズレ（個性）こそが財産なのだと思う。

才能は知性だと理解するのが一般だ。多様な事象を理解し、記憶する。小学校、中学校、高校と勉強し、より偏差値の高い大学に進学する。そのような進路では、個性よりも、知性が優先する。突出した偏りではなく、英語、社会科、体育、算数、理科で平均点以上の成績を取る人たちが優秀だと評価される。

そもそも、日本の教育は、個性を標準化し、普通のことは何でも知っていて、普通のことは何でもできる子たちを育てることを目的にしてきた。文章が読めて、漢字が書けて、計算ができて、歴史上の事柄を理解する物知りを作り出し、他の人たちと同じ答えを正解とする。これは日本軍隊の優秀な軍人を養成し、日本サラリーマンの量産システムとして必要なことだったと思う。組織内の部品としての人間が必要であり、何かが欠けた人間には軍人もサラリーマンも務まらない。誰でも代わりが務まる品質が揃った量産品が好まれるのは工業製品に限らない。

しかし、私を含め、私の周りにいる人たちは、これと真反対の生き方をしている。早稲田、慶應、東大を卒業した同業者であっても、誇るのは知性ではなく、個性にあるように思う。つまり、自分であることのオリジナリティを誇りにしている。

他人が書いた文章と同じ文章を書いても書籍にはならない。想定される反論を書いているようでは能力のある弁護士とは言えない。相手方が予想しなかった反論を書くのが優秀な弁護士であり、自分が予想しなかった反論が提出されるのを恐れるのが弁護士だ。他人が考えた節税策をコピーしても面白くない。関与先にも自分なりの独自性のあるアドバイスをしたいと心がけている。そこでは個性こそが才能の証だ。これは事業経営者についても同様だ。他人と同じことではなく、他人を超える独自性がなければ生き残れない。

個性が要求されるのは組織に帰属した場合も同じなのかもしれない。新しい商品を創り出し、顧客の目を引くパッケージを作り、顧客に訴える広告を企画する。担当者のオリジナリティが要求される仕事だ。しかし、そのようなクリエイティブな業務ではない職場、仮に、典型的には公務員としての仕事には個性は要求されないと思う。ときには、個性的な公務員が登場することもあるのだろうが村の同調圧力で潰されてしまう。一般市民も、個性的な公務員よりも、間違いなく年金の計算をしてくれる公務員を期待する。つまり、知性のある公務員だ。

四角い個性、尖った個性、ゆがんだ個性、それらに悩んでいる同業者は多いと思う。しかし、個性を尊ぶ業界では失敗の経験こそが財産だ。飼い慣らすのが難しい自分の個性だとしても、自分の欠けたるところを楽しめばよいと思う。

## 第39 子会社からの配当が争点になった2つの事案

海外子会社からの剰余金の配当を争点とした2つの事件。1つは国際興業管理事件（東京高裁令和元年5月29日判決）で国側の主張が排斥され、もう1つはソフトバンクG事件で国側は課税処分を断念した（日本経済新聞令和元年8月3日朝刊）。

国際興業は米国子会社から配当を受けたが、その配当原資は2つに分かれていた。1つは子会社の利益剰余金を原資にした432億円で、もう1つは資本剰余金を原資とする79億円だった。この場合に、①利益剰余金を原資とした配当を含めてプロラタ計算をするが正しいのか、②資本剰余金の配当についてのみプロラタ計算をするのか。それによって国際興業の所得に80億円の違いが生じるそうだ。

その理屈は次のようになる。子会社から利益剰余金を原資にした配当を受けた場合は益金不算入になる。しかし、資本剰余金を配当原資にした場合は、それが資本金等の額からの支払額と利益積立金からの支払額に2分（プロラタ計算）されることになり、益金不算入になるのは利益積立金からの支払額に限られる。

国税当局は、利益配当と資本配当の決議書は別だが、配当の効力発生日は同一なのだから、配当の全額を一体で取り扱うべきだと主張し、利益と資本が混合する配当は、その全額を資本剰余金の配当とみなすべきだと主張した。しかし、裁判所は、これを別の行為だと認定した。

2つ目の訴訟はソフトバンクGが計上した子会社株式の譲渡損が問題になった事案だ。ソフトバンクGは子会社から2・6兆円の現物配当を受け、現物配当によって内部留保が減少し、評価額が下がった子会社株式を、同日に、別の関係会社に売却して2兆円の譲渡損を計上した。国は、この譲渡損の否認を断念したと報道されている。

両事件の共通の議論は、子会社からの内部留保の引き上げと、その手法を利用した節税だ。この手法が許されてしまうことについて、私たちは『組織再編税制をあらためて読み解く』（白井一馬、関根稔編著　中央経済社）で次のように論じていた。「金銭配当の場合も子会社株式の簿価を切り下げればよいのではないか」「そのために、子会社から親会社への資産の移転は、組織再編成か資本取引かを問わず、すべて資本金等と利益積立金の払戻しとする処理に統一すればよい」「子会社からの配当について、利益剰余金を原資にするか、資本剰余金を原資にするかを選択できる税制は不出来だ」

令和元年の税制改革では配当の支払による譲渡損の作り出しを制限することにした。持分割合が50％を超える子法人から受け取る配当が、株式の帳簿価額の10％相当額を超える場合には、配当金額のうち益金不算入相当額を、株式等の帳簿価額から引き下げる。私たちが想定していた資本剰余金の配当とみなす対策案よりも遙かに優れている。いつものことではあるが国税庁の人たちの優秀さには感心させられる。いや、しかし、これは外国法人が10％超の株式を所有する場合に限る改正のようだ。なぜ、株主に外国法人が存する場合に限るのか、その理由は不明だ。

## 第40 他の人にはできない贅沢

先代の頃から30年以上のお付き合いのあるご夫婦。私より10歳ぐらいは年下だが、リタイヤして、いま海外での滞在を楽しんでいる。イタリアに1ヶ月ほど滞在した帰りだということで事務所に立ち寄ってくれた。そこで話を聞き出すのが私の仕事だ。

仕事をリタイヤして海外滞在を楽しむ。楽しいのだと思いますが、どんな具合に楽しいのか。経験しないことは語れないので、経験者から聞き出してみたい。もちろん楽しいと思うが、それを自分自身で表現すると、何が楽しいのだろう。私もいつかはリタイヤする時期が来る。

「イタリアに1ヶ月も滞在することができるという他の人にはできない贅沢」

なるほどと思う。表面的な観察なら、多様な国で、多様な景色を見て、美味しい食事をして、多様な経験をする。それが楽しいと答えると思うが、さすが私がお付き合いをさせていただく方々。自分自身の内面と会話をした答えを出してくれる。

「他の人にはできない贅沢」であれば、私（関根）が税法と民法の知識を活かし、ネットを通じて日本中の同業者と会話しながら贅沢な事務所を経営している。これも「他の人にはできない贅沢」だが、それと同じ意味なのかと問えば、そうだと意見は一致する。

銀行員や、生命保険、大手建築会社の社員。それらの人たちの仕事は何が楽しみなのか。銀行に勤めた場合と、トヨタ自動車などのメーカーに勤めた場合の楽しさは違うのか。仕事が楽しいのか、昇進が楽しいのか。銀行員が融資をするという場面に楽しさがあるのか。製造業の方が楽しいような気がする。私にはサラリーマンの経験がないので実感が分からず、これが長年の疑問だった。

おそらく、その人たちの楽しみは、今回のテーマに通じるのだと思う。いや、サラリーマンに限らず、多くの人たちの生活に通じるのだと思う。仮に、仕事が面白くもないとしても、メガバンクの行員と名乗れる喜び。それは「他の人にはできない贅沢」なのだ。だから営業から経理に異動し、本社から大阪支店に転勤することになっても楽しみが失われることはない。収入が保障されている。それは公務員にとっての「他の人にはできない贅沢」だ。

「他の人にはできない船旅という贅沢」「他の人にはできない別荘を持つ贅沢」「他の方にはできない九州一周の豪華列車の旅」。その人たちに対し、旅行が楽しいのか、別荘での生活は楽しいのか、仕事が楽しいのかと問うことが勘違いなのだ。「他の人にはできない贅沢」こそが楽しみなのだ。

私のような自由業。仕事を辞めたときには余暇という楽しみがあるのか。海外旅行は楽しめるのか。仕事以外に趣味のない生活は寂しくはないのか。それが次に求められる私の判断だが、経験しないことは語れない。仕事を辞めた後に、それが失敗だったと気が付いたときには手遅れだ。その答えが今回の会話で得られたように思う。それなら、私には、今の生活を続けることが「他の人にはできない贅沢」なのだ。

# 第41　3つの格差

地方都市に講演会の講師に呼ばれて資産税を語る。

しかし、東京の資産税と、その地域の資産税は全く異なると思う。ある地方都市の弁護士会に相続税の講演を頼まれたときは、その会場に行くタクシーの中で「この町で相続税を納める人がいますか」とタクシーの運転手さんに聞いてしまった。

東京のように坪単価の高い街と、先祖から承継した土地で成り立つ町。「私には、この町の資産税は語れませんが、逆に、この町の税理士には東京の資産税は語れない。それでも国際政治を語るよりは身近だと思います」と言い訳をしてから話を始めている。

税理士は、誰でも法人税法を語るが、地域によって見ている景色は全く違うのだと思う。そして税理士が開業するのは、多くは出身地と運命付けられている。どの地域で生まれたかが税理士の人生の全てを決める。地域の経済規模は多様な数字で認識できると思うが、その1つが最低賃金の格差。最低賃金で計算した徳島の最低年収は165万円で、東京は211万円だ。この経済規模で職員が雇用できてしまう。

つまり、東京の税理士は貧しく、徳島の税理士は豊かなのだ。ただ、徳島から、息子2人を東京の大学に入れるのは相当に困難で、息子が東京で生活を築くのも大変だと思う。各々の地域にいる限りは感じない格差が、その段階で現実化する。私が、東京の資産税を語ることは、息子2人を東京の大学に進学させるか否かの判断にも役立つはずだ。

私は「狸とキツネと税理士は、どの町にでもいる」と憎まれ口を叩いているが、その町の経済を一番に身近に知っているのは税理士だ。しかし、その地域と他の地域を比較する機会は少ない。そのチャンスに東京の資産税を語る税理士が役立てば無駄ではないと思う。

そして、日本経済新聞の「大機小機」（令和元年8月22日朝刊）が、いまＡＩ格差と寿命格差の２つの格差が進行中だと語る。

「ＡＩ革命は産業や企業の構造変化を加速し」「雇用の空洞化を引き起こす可能性も指摘されている」。米国では既に「製造や事務等の中スキル職が大幅に減少するなど労働市場の二極化が進行している」。「高学歴化が進むもとで、学歴差による賃金差も拡大している」

そして寿命格差だ。「長寿化である。高所得層の方が低所得層より寿命の延びが大きい寿命格差が表面化している」「高所得層ほどスキルや教育ばかりか、健康への投資チャンスに恵まれ、それがさらなる高所得につながり、長い人生を豊かに送ることになる」

私たちの仕事は社会を変えることではないが、しかし、自分の生活を管理するのは自分自身の責任だ。昭和の時代なら、土地持ちの格差だったが、いま、ＡＩ、健康、地域の格差に移行しつつある。３つの格差の存在と、格差が拡大する社会に向けて子育てをしなければならない。昭和の時代とは異なり、変化は30年ではなく、５年で訪れるスピーディーな時代なのだ。そのスピードを理解してもらうためにも東京の資産税を語る講演には意味があるはずだ。

## 第42　課税庁も正義を求める

A社は、平成25年6月17日に金地金を2万3475円で購入し、同月26日に、その全量を売却して課税売上100%の事実を作り上げた。それと同時にA社の代表者が所有する居住用の賃貸物件を代金7108万円（内消費税338万円）で買い受ける売買契約を締結し、消費税の還付を求めた。賃貸物件がA社に引き渡されたのは翌事業年度だった。

課税庁は還付請求を否定し、審判所も課税処分を維持した。課税仕入の時期の判定について、売買契約の日を認めず、資産の引渡しがあった日に限ると判断したのだ（平成29年8月21日裁決）。

しかし、この判断が、今後の譲渡所得の計上時期の一般原則になるとは思えない。譲渡所得の収入すべき時期は「資産の引渡しがあった日」を原則として、納税者の選択で「売買契約の締結日」でも良いとされている（所得税基本通達36—12）。これらの取り扱いは土地建物の購入時期についても同様とされ、かつ、消費税にも同様の通達がある（消費税法基本通達9—1—13）。

裁決は「請求人は、金地金を購入し、その僅か9日後に購入金額以下で当該金地金を売却している」「請求人の税務代理人である税理士が全額を出資して設立された法人で、税理士が唯一の代表社員であったこと、税理士は不動産投資に係る消費税還付に関わる税務を専門的に扱っている」という例外事象についての判断だ。

本来であれば、租税回避のために作り出した金地金取引を否認したかったのだと思う。しかし、それにしても、課税庁も、審判所も、税務実務の原理原則を否定してでも否認しなければならない事案があると考えている。消費税という不完全な税法を預けられて苦労しているのは課税庁だが、しかし、私は「正義を守る」という課税庁の勇気を褒めたいと思う。

令和2年の税制改革で金地金を利用した消費税の還付請求が制限されることになった。いや、金地金を利用した場合に限らず、居住用賃貸建物の取得に係る消費税の仕入税額控除が認められないことになった。ただし、仕入れの日の属する課税期間の初日から3年内に用途変更をし、あるいは売却した場合は、その年度の仕入控除税額に加算して調整する。

そして今回の改正は、居住用賃貸マンションの買い取りと転売を行う不動産業者について、いま争われている仕入税額控除の問題までも解決してしまった。「たとえ取得目的が販売用であっても、住宅の貸付等の用に供されていたのであれば課税資産の譲渡等と課税資産の譲渡等以外の資産の譲渡等に共通して要する課税仕入れに該当する」と判断した課税処分について争われているいくつかの事案（「令和3年4月21日東京高裁判決　ムゲンエステート事件」税のしるべ　第3456号）だ。

金地金を利用した下品な節税策を防止すると共に、居住用賃貸マンションの買い取り業者に関する仕入税額控除の問題も解決してしまう。国税庁の人たちの優秀さを示す改正だ。

## 第43 リーガルセンスという言葉

税理士試験ではリーガルセンスは学べない。そのように語る人たちがいる。確かに税理士試験には細々とした要件の知識が必要であって、立法趣旨や、保護法益に遡った議論は少ない。受験勉強中も法律を、法律として意識した学習は行わないように思う。しかし、それはリーガルセンスとは別のものだ。

そもそもリーガルセンスというものは税法に限らず、民法や刑法の分野にも存在しない。伊賀の忍者の巻物のようにリーガルセンスを手に入れれば免許皆伝という学問ではない。リーガルセンスという言葉は、民法にコンプレックスを持つ税理士と、税法を知らない弁護士の共同妄想から出現した言葉だろう。「君たちは法律家ではない」と上から目線で語るのがリーガルセンスという言葉だ。

もし、リーガルセンスという言葉が、法律を解釈するための理解の方法だとしたら、それは憲法のリーガルセンス、民法のリーガルセンス、法人税法のリーガルセンスという別々に存在するものだ。

私は、司法試験の民法の参考書には我妻榮教授の『民法講義』（岩波書店）を利用した。それを読んでいて、ふと次の行の記述が思い浮かぶことがあった。これが民法の考え方の理解が進んだことを意味するのだと思った。しかし、次に刑法の参考書を読み始めると全く理解できない。民法の思考法では刑法は理解できないのだ。そして、刑法の考え方を理解した後に民法に戻ると、今度は民法が読めなくなっている。司法試験は7つの法律の思考法を学ばなければならない。

だから、受験日の4ヶ月ほど前から、1日交替で、憲法、民法、商法、刑法、刑事訴訟法と入れ換えて勉強するようにして、受験日の2ヶ月前からは、これを半日交替の学習に入れ換え、各々の思考法を失わないようにした。

大昔の受験勉強の方法を語るのが目的ではない。もし、リーガルセンスというモノが存在するとしたら、それは各々の法律科目毎に存在する。雇用という言葉を例にしても、その意味は労働法と税法では異なる。労働者の保護を基本にして解釈をするのか、給与所得課税を前提にして解釈をするのか。

民法、労働法、法人税法の全てに通じるリーガルセンス（法律的な考え方）は存在しない。法人税法を学ぶためには法人税法を隅々まで理解し、法人税法の法律体系を自分の理解に取り込まなければならない。だからこそ、司法試験という制度があり、税理士試験という制度があるのだ。

法律家としての特有の思考法を期待するのなら、それは法律ではなく、現場にある。民法であれば要件事実、立証責任、書証の成立というテクニックで判断する裁判手続であり、税法であれば無償の譲渡にも譲渡益課税を行うという税法独自の概念と通達や質疑応答集のような集積した知識を使いこなす実務だ。「伊賀の忍者の免許皆伝の巻物」を期待するのは、それぞれの法律を深く理解する努力を惜しむ怠け者の発想だ。

## 第44　要件事実、立証責任、書証の成立

要件事実、立証責任、書証の成立。その意味を知らない人たちは、これを優れた制度と認識するようだ。しかし、劣った制度と定義するのが正解だと思う。30歳の裁判官が判断しても、60歳の裁判官が判断しても同じ答えが出なければ裁判制度は成り立たない。そこで誰でもが同じ答えが出せる裁判のツールが発明された。

まず「要件事実」だ。多様な条文を要件事実に分解し、原告が主張すべき事実と、被告が主張すべき事実に区分する。そこに「立証責任」が登場し、自己が主張すべき事実が立証できない場合は、その事実は存在しないものとみなす。つまり、金銭を貸し付けても、借用書を作成しない限り、貸し付けの事実は認められず、返済をしていても領収書の保存がない限り、返済の事実は認められない。

そして「書証の成立」だ。裁判は証拠で成り立ち、証拠の王様は書証だ。そこに登場するのが二重の推定。書面に本人の印影がある場合は、その印影は本人の意思で捺印されたとみなし（第1の推定　最高裁昭和39年5月12日判決）、次に、本人が捺印した書面は本人の意思で作成されたとみなす（第2の推定　民事訴訟法228条）。

仮に、私の実印を持ち出した誰かが売買契約書に押印してしまう。「印影は本人の意思で捺印された」という第1の推定が成り立ち、「本人が捺印した書面は本人の意思で作成されたとみなす」という第2の推定

が成立し、私は、私の意思で売買契約を締結したとみなされてしまう。実印という特別の印鑑は、第1の推定が印鑑証明書によって証明できるところに意味がある。

要件事実、立証責任、書証の成立。そのような裁判ツールを導入することによって人生経験のない30歳の裁判官でも、60歳の裁判官と同じ結論が出せる裁判制度が完成した。

さて、いま議論されているのが押印の廃止だ。これを税務申告の場面で検討すれば、そもそも電子申告については納税者の押印は不要だった。その場合でも税理士の電子認証が要求され、本人の納税の意思は税理士が確認していた。しかし、書面による申告の場合にも押印を廃止する。それが正式な申告書であることをどのように判定するのだろうか。確かに、誰も他人の税金を申告はしないのだから、納税手続の押印を廃止しても弊害はない。

ただ、相続税の場合は他人の申告が必要になる。連記された相続税の納税義務者に申告の意思があるのか否か。押印を要する時代なら他人の印は押せないという道徳観があったし、それを無視すれば有印私文書偽造（刑法159条）や公正証書原本不実記載罪（同157条）という犯罪が成立してしまう。書面による申告の場合も押印を廃止するというのは現実を無視してマスコミ受けを狙った政府の「やってる感」にしか思えない。

要件事実、立証責任、書証の成立で成り立っていた社会。仮に、宅配便の受け取りも押印を利用し、三文判であっても押印を要求していた区役所の窓口。押印を廃止しても成り立つのだろうか。押印の廃止が私文書にまで拡大した場合は裁判制度が成り立たなくなってしまうことは確かだと思う。

# 第45 群盲象をなでる

刑事モノのテレビドラマが多い。「警視庁・捜査一課長」「科捜研の女」「刑事7人」などだが、あの中に1%でも真実があるのか。ゼロだと思う。裁判モノもゼロ、医療モノもゼロだろうし、サラリーマンモノもゼロだと思う。

「ラジエーションハウス」という放射線技師と放射線科医を主人公としたドラマが放映されていた。私の息子が放射線科医なのだが、本当のところ何をやっているのか分からない。息子の仕事の一端が見られると放映を楽しみにしていたが、息子は見ていないという。自分の業界を取り上げたドラマは現実離れしているので見る気になれないのだろう。私も、弁護士モノや、裁判モノのドラマは見ない。警察官は警察モノのドラマは見ないし、サラリーマン氏は、サラリーマンのドラマは見ないのだと思う。しかし、なぜ、1%も真実がないドラマが視聴者に受け入れられるのだろうか。

ＳＦ映画の火星人襲撃と同じように見ているのか、あるいは真実と勘違いして見ているのか。もし、真実と勘違いしているとしたら、それこそ国民を洗脳するフェイクニュースだ。多くの人たちはストーリーが仮想であることは承知していても、登場人物の働き方や、考え方の中には70%の真実があると思ってみているはずだ。そうでなければ感情移入ができない。医者は患者の人生にまで入り込み、警察官は職務を超えて真実を追究し、弁護士は無罪を勝ち取るために活躍する。

　これはネットの多様な記事についても同様だ。ネットの記事の80％は作られた嘘だと思う。善意の話題、悪意の話題、事件の話題、愛情の話題、不倫の話題。もっともらしい嘘として書かれたコラムが80％を超えると思う。現実的に考えてみれば、自分自身がネットに書かれたような事柄に出会ったことはないし、これらのコラムを執筆する人たちが、そのような事案の取材ができるはずがない。おそらく嘘を書くことを生業としている人たちがいるのだろう。あるいは噂話を真実のストーリーに書き換える人たちだ。

　私たちが認識する社会は「群盲象を評す」なのだと思う。警察官について、ドラマでしか認識しない人たち、被疑者として接した人たち、被害者として警察官に接した人たち、弁護士として接した人たち。各々が警察官の印象を語る。そして誤解率が高いのがドラマとネットによって、日々、洗脳され続ける人たちだ。

　私たちの業界では税務訴訟の判決を正しい答えの如く論じる人たちがいる。それが税理士なら裁判制度を論じる群盲の1人だが、それが税法を専門と主張する学者や弁護士の場合なら、逆に、税務の現場を知らない群盲の1人なのだと思う。

　テレビでコメンテーターが語る一面的な意見、読者に受ける方向で記事を作り上げる新聞記事。それらを見た群盲が語る政治論議。情報化社会によって情報量が増えても、それに見合う視聴者側の理解量は増えない。精査を受けない情報量の増加は群盲を増やす方向に時代を進めている。いや、しかし、あきらめることなく真実は知りたいと思う。自分の専門分野ぐらいは深く学ぼうではないか。

## 第46 生き方というマニュアル

自宅にひきこもっていた無職の長男（当時44歳）を殺して殺人罪に問われた元農水次官氏（76歳）の裁判員裁判が東京地裁で開催された。東京池袋で暴走し、母子を殺してしまった旧通産省工業技術院の元院長氏（88歳）の裁判も進行中だ。

私は、元次官氏の生き方には大いに同情したくなる。しかし、暴走老人の生き方には怒りを覚える。ここで2人のエリート官僚の犯罪が出現したことが興味深い。どこの家も外から見れば平穏だが、多様な問題を抱えているのが多くの家庭だ。そして彼ら自身が自分で作り出した家庭の内側を語るのが2つの事件だ。

次官氏は、息子の人生の予備プランが構築できなかったのだろう。私は、いつも予備プランを考えている。成功した親は常に子に対する加害者（重荷）になってしまう。子を限界まで頑張らせること自体が加害者としての立ち位置で、それに耐えられない子が出現しても不思議ではない。それにしても次官氏には「息子の居場所」という予備プランが作れなかったのだろうか。

暴走老人は運転を辞めることを考えなかったのか。88歳の老人の運転を家族は辞めさせようと思わなかったのか。それが家庭の価値観だったのだろうか。私はいつもリスク回避を考えている。16歳から運転していたが、司法試験に合格した24歳から運転をしていない。弁護士が業務上過失致死、あるいは業務上過失傷害で被告人として法廷に立つなどは絵にもならない。都内で生活するのに車はいらない。

おそらく公務員のマニュアルには、息子のための予備プランの構築や、自分の人生のリスク回避という記載はないのだろう。法人税基本通達を読んでも、相続税法基本通達にさえ、子のための予備プランの構築の仕方は書いていない。それでは次官氏が失敗し、暴走老人が暴走するのも仕方がない。マニュアルで生きて、自己責任では生きてこなかった人たちの顛末だ。

そして次官氏は懲役6年の実刑だ。暴走老人は執行猶予と予想される。どちらが人間として劣っているか。そんなことは裁判所のマニュアル（量刑基準）には書いていない。殺人罪で3名以上の被害者の場合は死刑だが、被害者が1名の場合は懲役5年から10年。交通事故の場合は、酒酔い、無免許、ひき逃げなどの加重要件がなければ執行猶予。それが裁判所のマニュアルに書いてある判決の書き方だ。しかし、無罪を主張する弁護活動を続けていたら、反省のない被告人として、裁判官も実刑判決以外は書けなくなってしまう。

私たちは、マニュアルのない世界を自己責任で生活してきた。売上の確保、職員の雇用、ミスを出してしまった場合の対応など、全て、マニュアルのない自己責任の社会だ。それでも何が起きるのかが分からないのが人生だ。2人の官僚氏は、なぜ、そのようになってしまったのか。いま、自問自答の人生だ。暴走老人の人生では車が暴走したと言い張る以外の解決策はないのだろう。しかし、それが暴走老人のプライドを守り、家族の生活を守ることになるのか。自問自答は、今までの人生で行うべきであって、他人の人生を奪ってからでは意味はない。その自問自答を怠った2人が、いま、裁かれている。

## 第47 被告になって一人前

弁護士は多様な人たちにアドバイスをする。しかし、所詮、他人事であって、自分が当事者になったら印象は全く異なると思う。だから、弁護士は、被告になって一人前。そこで当事者になった場合の実感が経験できる。

私は、幸いなことに被告になったことはないが、しかし、被告になる恐怖を味わったことは数度。その中の1件は、相手方の弁護士が無能すぎた。かなり複雑な事案だったが、和解調書の原案を作成する能力がない。そこで私が和解調書の原案を作成したのだが、そのようなときは、私自身が微妙に自惚れている。そして自惚れて作成した書類には油断が生じる。その和解が成立した帰り道でミスに気が付き、それこそ生きているのが辛くなってしまった。

10の要素を前提に判断したところ、その後に11番目の要素に気が付いたときは冷静さを失う。最初から11の要素を知っていれば判断が違っていたのではないかと。多くの場合は、最初から11の要素に気付いていたとしても結論に違いは生じないのだ。しかし、11番目の要素に気付かずに判断し、その後に11の要素が登場したときは、その影響について冷静な評価はできない。

経験が少ない頃は知識で物事を判断するが、自分が当事者になる経験を積み上げることによって、当事者の気持ちが少しは分かるようになる。今日も、「弁護士には他人事ですが、当事者だったら寝られませんね」と語った。だからこそ、冷静さを取り戻してもらうために、当事者には笑ってもらう。当事者こそが最良の弁護人なのだが、その当事者の気持ちが浮き足立っていたら役立たない。11番目の要素が登場したのは、決して、あなたの責任ではないし、11番目の要素に気が付くことは不可能だった。それに11番目の要素で結論が変わることはないと。

これは税理士でも、会計士でも、医者でも同じだろう。ただ、トラブルを扱う弁護士とは異なる実感があるのだと思う。仮に、資産税を担当する税理士なら、自分も相続税が課税されるぐらいの財産は持ってほしいと思う。そうすれば、人間は節税のみで生きているのではないことが理解できるはずだ。会計士は粉飾を見逃す恐怖だろうか。それを経験すれば、会計監査で粉飾が見つけられるという発想が空虚であることが理解できるはずだ。粉飾という事実が露見した後に、それが発見できなかったことについて無過失だと立証するのは容易ではない。監査法人を被告とするいくつかの損害賠償請求事件を担当した実感だ。医者の場合は何回かの診断ミスだろうか。いや、そのことに鈍くなるのが経験を積むことなのかもしれない。

所詮は他人事。一生、そのような心持ちで仕事ができたら楽しいだろう。しかし、当事者の実感を知ることも必要だと思う。そして、当事者の実感を理解すれば、アドバイスは異なったものになってくる。いや、そうであってほしいと期待している。必要なのは知識ではなく、実感なのだ。そうであるなら、私の気を小さくしてしまったいくつかの経験にも意味があると位置付けることができる。

## 第48　底意地の悪い人間

なぜ、底意地の悪い人間が出現するのか。高齢者に多い個性だが、高齢になると、誰でもそのような個性が出現するのか。他人には愛想が良いので、外から見ていたら発見できないが、多様な事件の相談を受け、内側に入り込んでみると、底意地の悪さが原因としか思えない個性を発見することがある。

橋田壽賀子氏は「私の履歴書」（日本経済新聞）の「女と女　ドラマは家庭の中にあり　義母に波立つ心作品に昇華」という連載回で次のように語っていた。「夕方別荘に着いて押し入れにしまってあった布団を干していたら『布団は西日に当てるもんじゃにゃあ』。風を通すために障子を開けると『畳が焼ける』。料理を作れば『あんたの料理には味がない』と言われる。意地が悪いのではなく、お姑さんなりのやり方で岩崎家の家風を伝え、嫁としての教育をしてくれているとは分かっていたが、それでも私の心は波立った」。橋田壽賀子氏ほどの活躍をする者に対して、何の実績もない姑が嫌味を言う。

高齢者に多い個性だが、もし、歳を取ることが底意地の悪さを出現させるのだとしたら恐怖でしかない。歳を取れば目、耳、腰、足が悪くなるが、それ以上に悪くなるのが性格だとしたら悲しい。誰もが歳を取れば底意地が悪くなるのか。この頃、それが違うと思えるようになってきた。

底意地の悪い人間は、そもそも若い頃から底意地が悪い。なぜ、そういう個性が出現するのか。おそらく、その個性は、本人にとってみれば「私は正しい」という確信なのだと思う。「正しい批判」なのだから自分は善意だと思っている。そして、自分は善意という視点から、不満がある事情を、いや、わざわざ不満を作り出し、相手に対して「正しい批判」をする。しかし、それは善意を装った悪意でしかない。そして本人はそれに気付いていていない。つまり、「いじわるな人は自分に都合がいい理由をつけているだけで、その理由はけっして正しくない」と『人がいじわるをする理由はなに?』（岩崎書店）で哲学者ドゥニ・カンブシュネが述べる。「ああ言えばこう言う」。他人の言葉を素直に受け取らず、あれこれと理屈をこねて口答えすることが習い性になっている人たちだ。

私も、いつも、他人を批判している。批判力のない人たちとの会話は面白くない。私に思いが至らない批判を聞かされると、私は、まだ、未熟者だと思う。いや、しかし、それが批判力なのか、底意地の悪さなのか。その違いは、自分を中心にするか否かの違いではないのか。

社会を分析し、他人を批判する視点には、常に、自分が存在する。そして自分は肯定されるべき存在だろう。いや、そうではない、自分は、常に、否定されるべき存在だ。他者との意見の相違こそが自分を発見するチャンスだと思う。そのときに感じた違和感（怒り）を分析する。思考方法の程度の差だと思うが、それが積もり積もって底意地の悪い年寄りを作り出す。まず、自分を批判しよう。それが愛される老人になるための第一歩だ。

## 第49 事務所をクラウドに置く

事務所をクラウドに置けたら楽しい。

今の事務所に不満があるわけではない。丸の内の高層ビル17階で、皇居を一望する自慢の事務所だ。しかし、事務所を背負って仕事をする時代とも思えないのだ。いま、場所を問わず、時間を問わず、目の前にパソコンがあれば仕事ができてしまう。

事務所という存在が必要なのは来客と電話への対応だ。しかし、面談しなければ打ち合わせができなかった昭和の時代とは違い、いま誰でもがメールで連絡できる時代。事務所への来客数は激減した。そして、固定電話に入ってくるのは、ほとんど営業の電話だ。

「年配者の中には、大事なことはメールよりも電話で伝えるべきと言う人も多いが、『電話はよほどのことがない限りしない』というのが現代の常識だ。特に若い世代には注意が必要。緊急でもないのに電話ばかりしていたら『あのオヤジは突然電話してきてウザい』と言われるのがオチだ」。これはトヨタ自動車を54歳で辞めて独立したフリーランス氏の一文だ『会社を50代で辞めて勝つ！』（高田敦史著　集英社）。

自宅でも、事務所でも、新幹線の中でもパソコンを開いている。情報はネットとパソコン内にあって、疑問があればネットを通じて同業者の知恵を借りることができる。既に20年前から「税務六法」の購読を中止し、「注釈民法」を開くことも数ヶ月に一度だ。紙に印刷したアナログ情報を利用する時代ではない。そして税理士事務所の職員のテレワークも認められる時代だ。

「事務所とは継続的に税理士業務を執行する場所とされているが、在宅勤務の場所は事務所に当たるのか。事務所に当たるとすれば、2カ所事務所の問題があるのではないか」という東京税理士会の総会での質問に対し、制度部長が「税理士自身が事務所での業務の他に、自宅で業務を行うことは税理士法第40条違反とはならない。また、事務所職員については、税理士法第42条の2による所長税理士の管理・監督が行き届く自宅等のテレワークであれば問題ない」と答弁している（東京税理士界　№７５０）。

書店を筆頭に実店舗は消えていく。最後に残るのが女性のファッションと思っていたが、それさえも消えていく。「全国２４００の商業施設のテナントの減少数は女性服が１６００店とファッション全体の８割を占める」（日本経済新聞令和元年10月21日）。インスタに情報を発信する購買者と、そこでポチれば販売サイトにジャンプする手軽さ。実店舗で商品を探すのに比較すれば遥かに簡単だ。

実物資産を扱う業界でもバーチャル化する時代に、情報を扱う税理士や、弁護士が実店舗を構えるのは時代に遅れていると思う。10年後に実店舗を維持するのは、飲食店と、税理士事務所、弁護士事務所のみになってしまうかもしれない。事務所をクラウドに置き、私自身をバーチャルにしてしまう。そのような挑戦をする環境は充分に整っていると思う。

# 第50 テレワークという働き方

「米国では企業のテレワーク導入割合が7割を超し、2割の日本をはるかに上回る」「総務省の調査ではテレワークを導入する目的に『労働生産性の向上』（58・3％）や『勤務者の移動時間の短縮』（48・5％）を期待する企業が多かった」（「在宅勤務　実をあげるには」日本経済新聞令和2年3月4日朝刊）。

テレワークとは何なのだろう。働く人たちの皆がハッピーになる新しい働き方なのか。米国での導入割合が大きいのだから正しい制度なのだろう、日本は遅れている。

いや、しかし、サラリーマン氏は、どのような仕事を自宅で行うのだろう。そもそもサラリーマン氏はどんな仕事をしているのか。営業社員は会社に集まってから営業に出掛け、接客社員は店頭に来る顧客の相手をする。製造社員は工場で一日中働く。社内で仕事をしている人たちもいるが、その人たちは経理などの補助業務か、企画や経営判断を行うごく一部の人たちに限られるような気がする。

さて、昨日の夕刻に私の事務所の元職員から法律相談があって23通のメールのやり取りをすることになった。これが現在の私の仕事の仕方で、これからの仕事のスピードなのだと思う。多数の顧問先とのメールのやり取りで成り立つのが私の事務所だ。20年前には通信の道具がなかったし、10年前にはそれを使いこなす人たちが少なかった。いま、家庭の主婦でもメールで弁護士の夜間診療が受けられる時代だ。

テレワークという制度を導入し、それに合わせて「仕事の形」を作るのではなく、「仕事の形」があって、それが必然的にテレワーク（場所を問わず）になるのだと思う。仮に、私の場合ならｔａｘＭＬ（メーリングリスト）がテレワークだ。メールを中心に生活する多数の同業者が参加するｔａｘＭＬ。これがなかったら実務の疑問は参考文献で調べなければならない。しかし、いま疑問はｔａｘＭＬに発言すれば解消されてしまう。平成11年1月5日から開始したｔａｘＭＬで、私は22年前から「仕事の形」を作ってきた。会社法、信託法、民法相続編、組織再編税制についてｔａｘＭＬのメンバーと共に執筆して議論の質を高めてきた。多数の人たちから受ける大量の質問と検討結果もパソコン内に保存して検索が可能な環境を作ってきた。

そのような「仕事の形」が作られているから場所を問わないテレワークが可能なのであって、テレワークというシステムを導入すれば、それが可能になるという存在ではない。いや、私の自慢話をするのが目的ではなく、「テレワークって何なのか」という設問に対する私なりの考察だ。

さて、税理士事務所ではテレワークに対応する「仕事の形」が作れるだろうか。大量の「紙」というアナログ情報を必要とする職場ではテレワークの採用は困難だ。訴状、準備書面、法廷での口頭弁論と、全てがアナログな弁護士業のテレワークは不可能だ。テレワークが単なる大騒ぎに過ぎないのか、あるいは米国に遅れてしまった一場面なのか。それを判断するのに必要なのはテレワークという言葉ではなくて「仕事の形」だ。

## 第51 顧問弁護士はいますか

昭和の時代、顧問弁護士の存在は事業経営者の自尊心だった。それなりの規模の事業を経営しているという自尊心だ。いや、不動産業者と貸金業者をパトロンにするのが顧問弁護士だった。１００億円、２００億円の取引をする彼らにしてみれば月額10万円の顧問料など気にもならない。私も、大手や中堅の金融業者の顧問をしていたし、カネと土地を扱う人たちが弁護士の客だった。

しかし、バブルが崩壊し、都内で土地を扱う業者が消滅してしまった。投資資金を扱う貸金業者も不良債権を抱えて淘汰の時代を迎え、弁護士の顧問先は急激に減っていった。誰もが、そのような経験をしたわけではなく、あくまでも私の個人的な経験だ。

私の場合なら、バブルの紳士たちが消えていくのと引き換えに、税理士事務所を顧問先にすることが多くなってきた。それまでは税理士の顧問は辞退してきた。同業者なのだから、お互いに知恵は無料で交換しましょうと。ただ、ある事案をきっかけに税理士事務所に顧問料を支払っていただくことになった。それが始まりで、いま多数の税理士事務所との間に顧問契約を締結させていただいている。

税理士の先には１００社の事業会社がある。そこの売掛金や、相続、離婚事案かもしれない。そのような事件が登場したときに「事務所の顧問弁護士です」と紹介していただけば、税理士にも、その関与先にも、私にも共にメリットがある。各々の事業会社が顧問弁護士を抱えるよりも、それを束ねる税理士が顧問弁護士を持つ方が安上がりだ。ところが、税理士の顧問を務め始めてから20年以上が経過するが、事務所の顧客の紹介を受けたことは数えるほどしかない。全て、税理士自身の税務処理についての不安が相談の内容だった。

確かに、税理士が、関与先の民法的紛争について責任を取ることはない。しかし、税法処理なら、全て、税理士の責任になってしまう。税法解釈に関する疑問こそが税理士の悩みだったのだ。そうであるなら税法を専門とする私が役立つ。私にとっても、一般素人からの相談よりも、税法のプロからの相談の方が遙かに知識の収穫も多い。時代の最先端の疑問が具体的な事例として入ってくる。予防法学で事前に対応して裁判沙汰にしないという私の考えも実践できる。多数の同業者から入ってくる知識が、私の事務所を経由して多数の同業者にフィードバックされることで情報の質が高まるという知識循環が始まった。そして日本で一番に税法の情報が集まる法律事務所が完成した。

思い返してみれば、多数の上場会社の顧問になっている会社法の専門の先輩弁護士と親しくさせていただいた。労働事件の使用者側の顧問を引き受けている弁護士も見かけた。工業所有権を専門として多数の顧問先とお付き合いしている弁護士も存在する。そのような人たちのところには、その分野の専門知識が自動的に集まってくるのだろう。何でも担当する普通の弁護士95人に対して専門分野を持つ弁護士は5人。専門化された分野でこそ活躍するのが顧問弁護士だと思う。私の場合なら、それが税法と人生だ。

## 第52 受験者数は4・7%の減少

税理士試験の受験者が減り続ける。令和元年の受験申込者数は前年度比4・7%減の3万6701人で、「減少傾向に歯止めが掛からなければ税理士試験自体が破綻する」と指摘する者もいる。この減少率が続けば14年後には受験生は半数になってしまう。

なぜ、受験者が減少し続けるのか。税理士がAIで消滅する職業と報道され、「それが税理士を目指す人たちに与える影響は小さくない」と指摘する意見もあるが、原因は別にあると思う。つまり、大学院税理士制度の存在だ。もし、隣の学友が、大学院に進学し、2科目受験で税理士になると語っていたら、それでも5科目を受験しようと思う学生がいるだろうか。

では、誰でも大学院に進学できるかといえば、親が税理士の場合を除き、普通の学生には、そのような回り道は許されない。いま、大学に在学中なら、合格まで数年を要する5科目受験よりも、会計士試験を受験した方が良いと考えるのは当然だ。会計士試験の合格者は4年連続で増加し、平成18年に新制度に移行してから過去最高になった。

会計士に税理士資格を与えることを批判しながら、受験生が会計士試験に流れる大学院税理士の制度を、税理士の事業承継のための制度として維持している。いや、税理士自身が、子供たちに対して、大学院税理士との差別化のために会計士試験の受験を勧めるとも聞いている。しかし、司法試験に合格しても税法は理解できないように、会計士試験に合格しても税理士と共通するのは簿記と財務諸表論に限られる。

日税連の会長も受験生の減少を嘆く（速報税理№1341）。「受験者数の減少傾向に歯止めがかからないことに、非常に危機感を持っています」「本来は、税理士試験に合格して資格を取得した者が多数を占めるべきですが、現時点におけるその割合は半分弱です」「試験合格者を増やさなければ、税理士の資格そのものに対する危機が生じていくと思います」と語る。試験は、全員が平等の立場で受験し、合否を判定されるべきであって、東京医大型の裏コネの試験制度はよろしくない。

「先輩税理士から受験生に送るメッセージ」という連載を「速報税理」に掲載していただいたことがあるが、そこには多様な人生が語られていた。医者の息子だから医学部を受験し、成績が良かったから旧司法試験を受験した。そのような分かりやすい動機ではなく、多様な挫折から挑戦した税理士受験生の人生が語られていた。それにしても試験制度は改革した方が良い。簿記と財務諸表論は一本に絞り、大学2年以上などの受験資格の制限を緩めることだ。

私の人生を構築してくれたのは税理士試験と税理士という資格だ。その制度が崩れていくのを座して見ているのは無責任だと思う。そこで、あえて税理士業界のタブーに切り込んでみた。安直な道を選んだ人たちを非難しようとは思わない。私も、その立場にいたら、その道を選んだと思う。問題なのは、その道を選ぶ人たちではなく、抜け道が存在する制度と、そのような安直な道に学生を誘い込む大学教授という人たちなのだ。

# 第53 数学と国語

世の中には2つの種類の人間がいる。何事も2つに分けて考える人と、そうではない人だ。前者の例に倣って義務教育レベルの勉強科目を2つに分ければ、数学が得意という人たちと、国語が得意な人たちに分けられる。そして数学の解き方は教えられるが、国語の解き方を教えるのは難しい。

学習院初等科に我が子が通っていたのだが、学習院は国語に力を入れていると聞いた。論理的な思考は数学より国語で、国語ができる子の方が伸びると。私は、数学こそが能力の指針と思っていたので新鮮だった。数学には論理的な思考が要求され、国語は、ただ覚えるだけだと思っていたが、それは違うのだ。覚えるだけの国語は漢字の読み書きであって、本来の国語は文章の理解であり、文章による表現なのだ。いや、大昔に聞いた話で、その頃の校長の方針だろうから、いま、どのように語っているかは知らない。

その後、文章を書く仕事になって校長が語っていたことを実感した。ただ、文章を書く場面は3つに分かれるように思う。まず、裁判書類や新聞記事で、その場の状況を説明する実況中継型の文書だから誰でも書ける。次が論文やコラムで相手の思考を順番に呼び起こしていくストーリーを作り上げなければならない。最後が小説で特別の能力を持った人たちの芸術なのだと思う。

日本の国語教育は、実況中継文書や、論文文書を軽く扱い、小説文書という「芸術」を重視するような気がする。必要なのは、相手に自分の心を伝える技術であり、相手の言葉から彼が考えていることを知る技術なのだが、それを学校では教えない。まず、新聞の記事を読ませ、新聞の記事を書かせることを学ぶべきと思う。それが文章力の第一歩の実況中継文書の学習だ。そして、次に論文文書の学習に進むのだと思う。

そのように考えていたところ、子供の脳は数字の領域が先に成長するという意見を聞いた。なるほどと思う。子供は相手は見えるが、自分は見えない。数学は、自分の中には存在せず、対象を分析する学問だが、国語は自分の内面と会話しないと答えが出ない。だから大人は、数学に比較し、国語の問題の方が解きやすい。

美味しいパスタ、美しい景色、そこでプロポーズをする、あの人のことは嫌いだ。それらの意味内容は自分自身の内面と会話しないと理解できない。微分と積分はできない大人でも恋愛小説は読める。多様な経験を積んで、自分を分析する能力を積み上げてきたのだろう。

そこで思うのはＡＩだ。ＡＩは猫の写真を見極めるが、猫が可愛いとか、触ってみたい、いや、触りたくもない、猫を殺してしまいたいとは思わない。つまり、猫についての自分自身の認識を理解することができないのだ。さて、ＡＩは、子供に成長することが可能か、大人になることが可能なのか、さらに進化して税理士になることが可能なのか。

それを可能と論じるのが「ＡＩによって税理士業はなくなる」と主張する人たちだ。いや、借方と貸方の数字を合計するだけの仕事をしていたらＡＩに駆逐されてしまう。自分自身を磨かなければならない。

## 第54 税法4割、IT3割、人生3割

私が税理士になった40年前に求めていた知識は税法が100％だった。借地権、財産分与の課税関係、土地重課税、小規模宅地の評価減など。借地権通達については井口幸英氏の本を読みあさり、財産分与の課税関係は竹下重人氏の判例評釈を読み、土地重課税や小規模宅地については友人の税理士にいつも電話で質問していた。

しかし、いま、ほとんどの税法の疑問は解消されてしまい、残っているのは事業承継税制の手続要件や、40条申請、公益法人会計などの特殊分野の細々とした要件に限るように思う。いや、若い人たちは税法の解釈と実務の疑問を抱えているのだろうか。

弁護士業についていては毎月3冊発行される判例時報の熟読が不可欠だった。今日の1冊に登場する判決が翌月の実務の参考になる。基本的な法律解釈についての判決が出続けたのが40年前の弁護士実務だった。しかし、いま、民法の理屈は解明し尽くされてしまった。判例雑誌を読んでも実務に関連しない特殊な判決が紹介されるだけであって、明日の実務に直結する判決は登場しない。判例時報10冊を手に取っても読むべき判決は1つもない。

そして、いま登場したのがＩＴと高齢化。税法の知識4割、ＩＴの知識3割、人生の知識が3割の時代だ。常に目の前にはパソコンがあり、パソコンはネットに接続されていなければ仕事にならない。私は紙の税

務六法の購読を20年前に中止し、その頃に作り始めたApBooksというアプリを利用した国税の条文集と通達集を利用している。民法、会社法、その他の諸法の条文集も全て私のパソコン内にあり、20年間に書き溜めた書籍、論文、雑文の原稿もパソコン内でデータベースとして機能している。20年前にｔａｘＭＬというメーリングリストを始めて、税法上の疑問があれば、そこに書き込めば10分以内に他の税理士の意見がもらえる。昔なら参考文献を探した実務の疑問も、今はGoogleで検索できてしまう。必要なのは、その情報の正しさを検証する自分自身の実務の経験だ。

私の会計処理は、銀行の預金データを会計ソフトに取り込むことで1ヶ月分の記帳は2分で終わる。今どき預金通帳からキーボード入力をする時代ではない。現金出納帳を経由する支払はキャッシュレスの時代で激減してしまった。パソコンとドロップボックスのデータの共有により、iphone、ipadなどを利用して、散歩の途中でも常に原稿を推敲している。

そして、ＩＴの時代と同時並行的に到来したのが長寿化の時代だ。私が40歳の頃に擦り込まれたのは60代で現職を離れ、70代で寿命を迎えるという人生だった。しかし、80歳、90歳まで生きる時代。そして現在35歳の男性の4人に1人は１０１歳まで生きると言われている時代。長寿化の時代は人生についての知識も重要だ。どのように財産を蓄え、子供を自立させ、70歳から夫婦で平穏な30年を過ごすか。

税法の知識4割、ＩＴの知識3割と、人生の知識3割の時代。これが私の現在のテーマだ。税法や法律のみにこだわっていたら時代に遅れてしまう。

# 第55 哺乳類型の進化の方向

私が法律事務所を開業したときは、次々に仕事が入ってきて、顧問の依頼が常に飛び込んできた。このまま仕事を続けていたら大変なことになる。そのように思ったのだが、それは開業時のビギナーズラックだったのか、その後は仕事の依頼も、顧問先の数も天井を打って、増減はあっても、一定数は超えなくなってしまった。しかし、顧問先を増やし続ける同業者（税理士）もいる。何が原因で、私は天井を打ってしまったのか。

爬虫類は永久に成長し続けるが、哺乳類は生殖年齢に達した後に成長を止めると聞いた。私は生物学者ではないので、それが本当か否かは分からない。しかし、大きく成長した蛇やワニは存在するが、標準値を超える大きなライオンは見たことがない。なぜ、私の事業上の売上は哺乳類型の成長に留まってしまうのか。

それが不思議だったのだが、その答えを得たように思う。爬虫類は、生存し、生殖するという本能のみがビルトインされた生物なのだろう。そのためには大型化こそが有利で、成長を止める理由がない。しかし、哺乳類は、それに加えた多様な進化の道を修得していった。子育てに始まり、集団化して仲間を守り、共同して行う狩りの手法などの修得だ。生殖年齢を超えてからは多様な方向に進化の道が分かれるのだろう。

そして私の法律事務所の経営だ。それなりの売上が確保できるようになったら、そこで妥協してしまったように思う。2倍、4倍、8倍と売上を伸ばす。そのような動機は維持できなかった。無理な訴訟は引き受けず、気の合う顧客に囲まれた事務所経営をする。社会的に騒がれる大きな事件は、そのような名声が好きな人たちに任せておけばよい。平穏な生活の方が楽しい。自分なりの売上が確保できる体制が整うのと同時に、そのような方向への進化の道に分離してしまったのだと思う。

事務所を拡大し続ける同業者（税理士）の人たちに対して「カネ儲けが好き」という失礼な定義をしていた時代があったが、これも違うのだと思う。彼は、「頼りにされることが好き」なのだ。だから、彼を頼りにする顧客が集まり、彼を頼りにする職員が集まる。それが彼の喜びであり、進化の方向なのだ。

「50代転職　やりがいこそ　年収半減でも『人らしく』」という日本経済新聞（令和元年10月6日）のコラムを読んだ。「東証1部上場企業の執行役員の肩書もあった。だが望んだはずの出世に達成感が伴わない」「仕事は利益を得る闘いと割り切り、部下には文句があるなら辞めればと迫った」「海外事業を次々に成功させたが仕事が楽しいと思ったことはない。38歳で妻と離婚。仕事に追われ幸せにする自信を失った」

爬虫類型の成長を求めるのが企業自身であり、企業に属するサラリーマンという人たちだ。その目標が、自分自身の進化の方向と一致していれば、いや、一致している人たちが成功し、そうでない人たちはコラム氏のような人生を歩く。自分の進化の過程に合わせることが可能な私たちの生き方。またひとつ、新しい知識を手に入れたように思う。それが私の進化の方向なのだ。

## 第56 アクセルを踏み込む

実業界には多様な偉人が出現する。ソフトバンクの孫社長、星野リゾートの星野社長、アパホテルの元谷社長などだ。常人とは異なる特別の才能を持った人たちなのか、普通ではない努力の人たちなのか、あるいはアイデアが当たった幸運な人たちなのか。

この人たちはストッパーが外れたエンジン。思いっきりアクセルを踏み込めば一番になれる。そのような生き方をする人たちなのだと思う。普通の人たちは、このくらいという「程度」の感覚を持ち、これ以上は危険という「リスク」感覚がある。そんなに欲しくはないという「限度」の感覚がある。そのような感覚が存在せず、アクセルを思いきり踏み込めば一番になれると考える人たちだ。

アクセルを踏み込んだ人たちの中から、事故を起こさずにゴールにたどり着ける人たちが出現する。いや、ゴールにたどり着いても安心はできない。昭和の末期にも多様な偉人が登場した。節税対策のワンルームマンションブームを作った杉山商事、兜町の風雲児と言われた投資ジャーナル事件の中江滋樹氏。闇社会の代理人と呼ばれたが実刑判決を受けて収監された田中森一弁護士。バブル崩壊と共に彼らは消えていった。つい先日には中江滋樹氏が「一人暮らしの自宅アパートが火事となり、焼け跡から遺体で発見され」たと報道されていた。

平成は低金利の時代だった。そこでアクセルを踏み込むのなら借金をして不動産に投資することだろう。それがシェアハウスのカボチャの馬車事件だが、それに輪を掛けて100億円の借金をしてビル投資し、8億円の家賃を得ていると豪語する家主まで出現した。京都などの観光地を回ればホテルの建築ラッシュの様相を示していた。

東京の大手町にさえいくつものホテルが建築された。低金利とインバウンド需要を両輪にしてアクセルを思いっきり踏み込む。ファンドがホテルを建築し、ホテル業者にリースするのか。土地代と建築費の回収には30年を要するだろう。しかし、20年も経過したら続々と建築されるホテルに追い越されて古いホテルになってしまう。どうやって採算性を維持するのか不思議に思っていた。

これらが今回のコロナ不況で終焉を迎える。山手線内の土地を売ればアメリカ全土が買える。それが昭和バブルの様相だった。インバウンド需要やオリンピックによる建築ブームで、日本が観光都市になったと浮かれていたのが平成のミニバブルだったが、そのブームがコロナで終わる。

さて、私たちの業界への影響はいかがだろうか。好況も、また、不況も、間接的、かつ、二次的な影響しか受けない税理士業界だが、税理士の主要な顧客層である中小企業を襲うコロナ不況と無縁だとは思えない。そのときこそ今までの生き方が問われる。私にとってバブルと、バブル崩壊が社会をみる原点になったように、いま若い税理士はコロナ不況が社会をみる原点になると思う。ぜひ、今の不況と恐怖を実感として味わってほしいと思う。

## 第57 報酬の根拠

専門家が受け取る報酬の根拠はどこにあるのだろう。宅建業者が受け取る仲介手数料は3％とされている。そして仲介手数料の根拠は顧客の紹介であって、契約の締結ではないとされている。確かに、顧客を探すことができるのは仲介業者に限る。顧客さえ探してくれれば契約の締結などは弁護士でもできてしまう。

では、税理士の報酬の根拠は何なのか。これが法人税や所得税の申告なら事務手数料だろう。所得が高額な場合も所得スライドすることはなく、赤字会社からも報酬は支払われる。相続税（税理士会の旧規定）は申告財産額のスライドがあるが、これは財産が増えた場合は事務処理が面倒だという理由であって、利得に参加するという意味ではないはずだ。

弁護士の場合は利得に参加する報酬形態だ。事務手数料では勝訴へのインセンティブが湧かない。そこで目の前に人参をぶら下げ、勝てば高額な報酬が得られるが、敗訴すればゼロという報酬体系が完成する。過払い金返還請求や相続税の見直し税理士の報酬も利得に参加する報酬体系だ。回収額の30％という高額な報酬は事務処理のコストでは説明できない。「俺がいなければ還付金は戻ってこなかった。本来は半々だが、俺が譲歩し30％に負けておく」という発想が根底にあるのだと思う。

弁護士にはタイムチャージという報酬体系がある。これはボスの後ろに8人のアソシエイトを並べることができる事務所での報酬体系だ。弁護士の働きしか報酬にonできないので、可能な限り無資格職員を減らし、書類の整理からコピーまで弁護士が行うという不経済なシステムで完成する。私のようなひとり弁護士が時間給で働いていては事務所は維持できない。

専門家の報酬は知識の価値に対して支払われるべきと思う。しかし、8億円が節税できるアイデアも語ってしまった段階で無価値になってしまう。リスクの対価、あるいは責任に対する報酬と考えるのは無責任だ。外科医の手が不安で震えていたら、誰も手術を受けようとは思わない。

この頃、私は報酬は「経験の価値」だと思うようになってきた。多数の経験から、その事案に応じた必要な知識を選択し、その事案に最適の知識を提供する。経験に基づき依頼者に決断についての指針を与える。経験があるからこそ、ただのアイディアである教科書事例と、実務に耐え得る実感のある処理との区別ができる。多様な相談に乗ってきた「経験の価値」が、私が報酬を請求する根拠になるのなら嬉しい。

大手の銀行などのアドバイザー報酬は、信用、ネームバリュー、見栄えの良い営業社員、立派な組織と建物、取扱件数の豊富さの対価なのだろう。客を納得させることについては、残念ながら個人経営の専門家は負けてしまう。高い買い物は、高い売り手から購入した方が安全だ。大会社と競争するのではなく、共存するか、棲み分けた方が無難だと思う。個人事業者と異なり、営業担当者を無責任にさせるシステムも完備しているのだから、営業社員と競っても意味はない。

## 第58 英語と日本語の通訳

遡って事務所経営を反省してみれば、後継者を育てなかったことだろうか。いや、私は、自分の家庭でも息子には事業承継をさせていないし、そもそも、事業承継をさせるつもりなどはなかった。私が充分に知り尽くしている業界に息子に入ってもらっても面白くもない。子は、それぞれが自分の道を見つけて生活を築いてくれればよいのだ。親のテリトリーに収まる子であってほしくはない。いや、そもそも私（親）を真似ることなど不可能だし、真似てほしくもない。

しかし、事務所の後継者、いや、業界における私の後継者を育てなかったことは反省点かもしれない。業界に影響力を与えるほどの存在だと自己認識しているわけではないが、しかし、税法と民法の通訳を育てなかったことは反省すべきと思っている。

英語（税法）が得意な人たちはいくらでもいるし、私の周りには、喜んで税法の議論をする人たちが大量に存在する。日本語（民法）を議論する仲間も、私の周りには大量に存在した。そもそも法廷は民法を議論する場であって、常に、議論を楽しむのが弁護士だ。しかし、英語と日本語を理解する人たちを育てることができなかった。

若かりし頃、東京弁護士会の税務特別委員会に属し、日本弁護士連合会の税制委員会に属し、各々の委員長を経験し、東京弁護士会では『法律家のための税法』（第一法規出版）の編集作業を行ってきた。だから、税法大好き弁護士に囲まれてきたのだが、いつの間にか、その人たちとも疎遠になってしまった。その理由は私の努力不足なのだろうか。いや、違うのだ。

弁護士が税法を学習しても事務所経営には役立たない。税法は予防法学であって、訴訟で争う民法とは異なる。もちろん、弁護士も予防法学は心がけているが、しかし、予防法学はカネにならない。5億円の節税手法を提案しても報酬はゼロ。しかし、5億円の紛争を扱えば成功報酬は５０００万円だ。

税法という未知の分野には宝が埋まっている。弁護士の多くが考えることだが、しかし、実際には宝の山は掘り起こせない。民法に比較し、税法は格段に範囲が広く難しい。毎年に改正される税法を追いかけるのは税理士以外には困難で、申告実務に常に接していない限り実感が掴めない。中途半端な税法の知識こそが危険であり、「私は税法は分からない」と答えた方が依頼者にも自分自身に対しても安全だ。そのような税法の難しさを乗り超えたとしても、弁護士は、税法では稼げない。せいぜいが勝訴率5％の税務訴訟を担当し、「私は税法のプロ」と自画自賛するのが「せきのやま」だ。

税法はカネにならないし、税務訴訟を担当しない税法の知識に何の意味があるのか。私もそのように悩んだ20年間があった。そして、いま、税法と民法の通訳の道を見つけて悠悠自適の事務所を構えている。しかし、そこに行く道のりは遠い。それが私が後継者を育てられなかった理由だ。いや、いま、民法と会社法を理解する税理士を育てている。それがｔａｘＭＬという修業の場だ。参加していただけたら嬉しい。

## 第59　戦争のことを語らない（そしてコロナが出現した）

太平洋戦争という大きな事件。私の両親は、この戦争を経験したのだが、両親から太平洋戦争のことを聞いたことがない。あれだけ大きな事件があり、いつ死ぬか分からなかった時代。身近な人たちが徴兵され戦死してしまった時代。なぜ、戦争のことを語らなかったのだろう。嫌な経験だから語りたくないのだと思っていた。しかし、それは違うのだと思う。

私が経験した戦争はバブル経済とバブル崩壊だった。田中角栄の列島改造論は住宅地の地価を上昇させたが、中曽根バブルは商業地の地価を上昇させた。昭和61年の都内最高路線価の上昇率は37・9％、昭和62年は79・2％、昭和63年は40・1％。つまり、3年で3・46倍への値上がりだ。

マンションのパンフレットには「所得税や相続税の節税に最適」という宣伝文句が書かれ、死亡前日に孫を含め10人を養子にする節税事案が登場し、不動産業者からは「ご主人の所得税の節税になる」というワンルームマンションの営業電話がかかってくる。

私の身近では、龍ヶ崎カントリー倶楽部の会員権が８０００万円で売買され、40坪の借地が11億円で地上げされ暴力団事務所で小切手をやり取りした。芸能人に借家の立退料６億円を支払ったこともある。まさに体温が40度近くに上昇した熱気があった。あの当時に顧問先からいただいたヒロ・ヤマガタの「スカイサイクル」というシルクスクリーンは３００万円だった。

しかし、バブルが崩壊し、都内の宅建業者のほとんどが撤退し、銀行の倒産や合併の時代が始まった。節税処理が裏目に出て破綻した資産家の税務訴訟を担当することになった。いま龍ヶ崎カントリークラブの会員権は150万円で、ヒロ・ヤマガタの「スカイサイクル」はヤフオクで12万円で買える。

そして、いま起きているのがコロナ戦争だ。イタリア、イギリス、アメリカと順繰りに死者を増やし、ブラジルの死亡曲線が上がり続ける。3密を防止するためにテレワークが奨励され、Zoomなどの動画を利用した会議や学校での授業が行われている。

インバウンド需要、円安政策、それに東京オリンピックという熱気で維持していた経済が破綻し、自粛活動で大きく需要が落ち込んだ経済は不況の底が見えない。快進撃を続けていたホテルや、旅行業者、観光バス、外国人学校の倒産が大量に出現すると思う。商店街には「テナント募集」の看板が増え続け、地価は少なくとも10%、常識的には30%は下落するはずだ。

コロナの感染の恐れから、会話する2人が相手を脅威として恐れる緊張感。そのようなストレスが頭の中の60%を占める。ところが何をしていますかと問われて「テレワークです」と答えるノー天気な人たちもいる。彼らは太平洋戦争を語れず、バブル経済とバブル崩壊を語れない人たちと同様に、数年後にはコロナを語れない人たちになってしまうのだと思う。

自身が経験するコロナという戦争。よく見聞きし、分析し、今の恐怖を、孫、ひ孫に語れる経験として深く心に刻んでおいてほしい。それでこそコロナという戦争を経験することに意味がある。

# 第60 コロナとは何なのか

単なる自然災害なのか、何らかの意味がある事象なのか、あるいは何らかの教訓を得るべきことがあるのか。不条理として受け入れるとしても随分と過酷な運命だ。感染の不安におびえた時代を過ごし、その後には廃業、閉店、倒産によって人生を失う人たちが大量に出現する。

阪神・淡路大震災を天罰と語って批判を受けた政治家がいた。コロナは天罰なのかもしれない。2009年に封切られた『感染列島』では、日本で発生した集団感染を世界は「ブレイム」と名付けた。神の責め苦や罰という意味だそうだ。神はソドムとゴモラの民を滅ぼそうとしているのか。スペイン風邪では若者の死亡率が高かった。第一次世界大戦の兵士を殺し、終戦を早めたと解説されている。ウイルスは神の意思に基づくものなのか。しかし、それにしてもコロナは位置付けが難しい。

その理由はコロナが人の親密関係を否定するウイルスだということにある。あなたは私にとって脅威であり、私はあなたにとって脅威であるという生活が続く。あなたの口から出る飛沫が私に降りかかる汚らしさを意識してしまう。20センチの距離で会話をしていたのが、いま2メートルが求められる。磁石のプラスとマイナスが引き合っていたのが、今はマイナスとマイナスのように反発し合う。そのような他者との関係が人を疲れさせる。

withコロナと定義し、距離感を持った生活が要求され、テレワーク型の働き方が導入される。それがいつかは終わるのではなく、元には戻らないと主張される。これは人が持っている親密さを否定する生活だ。しかし、人は、常に、親密さを求めて生きてきた。

芸術も、思想も、文化も、技術も人が集まることで作られてきた。戦争も、政治も、支配関係も集まることで作られてきた。母と幼児の親密、兄弟の親密、小学校の友達との親密、大学の友人との親密、飲み会で親密さを確認する。イタリア人やアメリカ人ならハグするという親密さ、それを否定するのがコロナだ。

コロナ以降の社会は親密な関係は否定されるのか。そのような世界に移行することはあり得ない。親密さを否定したら人間社会は成り立たない。会って会話をするからこそアイデアが登場し、新しい気付きが発見される。テレワークなどの働き方改革などは現時点での妄想だと思う。元に戻ることは当たり前のことだ。

感染症などは人類が誕生した6500万年前から存在し、コロナウイルスは1万年前に誕生した（『新型コロナウイルス　脅威を制する正しい知識』水谷哲也著　東京化学同人）。今までの人類の歴史において感染症は何千回も登場しているはずだ。私が知るわずかな期間でも3度もコロナウイルスが登場している。その内の2度のコロナはワクチンの開発を待たずに終結した。ウイルスは変異を繰り返して無毒化するのだと思う。コロナによって人間の本質を変えた生活をしなければならなくなる。そんなことはあり得ない。

コロナが終われば元に戻る。みんなで飲もう、歌おう、ハグしよう。

しかし、それがいつになるのかが誰にも分からない。

## 第61　プログラムを作る

今から40年ほど前に、私は会計士協会のプログラム作成講座に通った。午後1時から5時までの3日間、つまり12時間の講座だったが、それでBASICという言語でプログラムを書く手法を学習した。その頃に売り出されたNECのPC-8001というパソコンを手に入れて税額計算ソフトを作成したのが自作ソフトの事始めだった。

あの当時の譲渡所得の計算はかなり複雑だった。6000万円で土地を譲渡した場合の税負担の質問を受けて所得税と地方税の税額を計算して答えると、では、7000万円で譲渡した場合はいかがかと質問が返ってくる。それをプログラムで処理させることにした。その他にも、相続財産と相続人の数から相続税額を計算するソフトを作成した。多様な意思決定を行う場合は、課税されるか否かだけではなく、いくらの税負担になるかを答えなければならない。

その後、Windowsの時代になってVBに乗り換え、さらにDelphiという開発ソフトに乗り換え、数字の計算だけではなく、文書を処理するソフトを作成してきた。多数のテキストファイルの全文検索をするソフトや、多様なファイルを登録するランチャーソフトなどだ。その中のいくつかは東京税理士会が開催したパソコンコンテスト、あるいは日本弁護士連合会が開催したパソコンコンテストで最優秀賞を獲得した。

ApBooksという市販のソフトを利用した税法と通達集は20年間にわたって更新して使用しているが、これがなければ仕事にならない。

昔の自慢話をするのが目的ではない。たった3日間の学習の成果が、その後、私の仕事の基幹ソフトになっていることを語りたいのだ。住所ソフトは、登録した郵送先を指定し、本文（手紙文）を書くことで住所付きの文書がプリントされる。宛名間違いを防止するためだ。テキスト検索ソフトは執筆し、出版し、発言し、収集したデータの全てをデータベースとして使用させてくれている。それらデータの20年分の蓄積が私の外付けの脳みそとして機能してくれている。これらソフトが存在しなければ、私の仕事の能率は3分の1に落ちて、仕事の精度は4分の1に落ちていたと思う。プログラミングの専門家が、使い手のニーズを予想して作成したソフトと異なり、自分自身が必要とするソフトを自分自身で作成したのだからニーズに合うことは間違いない。

私たちは、簿記会計という道具を学習することで、その後の人生で、他の方たちに対する優位性を確保してきた。それはプログラミングも同じだ。簿記会計を理解するのに数ヶ月を要するとしたら、プログラミングはたったの3日間で学習ができる。もちろん、その後の創意工夫は必要だが、基本が分かってしまえば難しいことではない。いま、40歳以下の税理士ならプログラミングに挑戦すべきは当然だ。いま子育て中なら子供たちにプログラミングを学習するチャンスを与えてほしい。私たちの簿記と同様にプログラミングは子供たちの一生のツールとして役立つはずだ。

# 第62　サラリーマンは責任を取らない

哲学とは何なのか。私には分からない哲学的な問いなのだが、これに「哲学者が考えていること」という日本経済新聞のコラムが答えてくれる。「『昼食のソバ』から見える世界」という國分功一郎氏の一文だ（令和2年7月20日朝刊）。

國分氏は次のように文章を始める。「『昼食に自分はラーメンが食べたかったが、友人はソバがいいと言うので仕方なくソバを食べた』――。『ソバを食べる』行為は自分がやったことだが、自ら進んでしたわけではない。これは『能動』か『受動』か」

いや、しかし、こんなことを自問自答して何の意味があるのか。読み進めると次のような一文に出会う。「冒頭のソバの話も、社会と切り結ぶ哲学の問いに転じる。『自分の意志ではないが自分でやった』ことは、能動態と受動態の間という意味で『中動態』と定義できる。例えばコロナ禍で強いられた自粛生活は中動態と考えることができる」「中動態という概念が『言われてみると確かにそうだ』と私たちに気づかせるように、思考の基盤を提示するのが哲学の効用なのだ」

なるほどと思う一面があるが、しかし、私は、「中動態」とは捉えない。自分には自由意思があり、自己決定権がある。誰に影響されたとしても「能動」的な決定であって、自己責任であり、その決定について他人に対して責任を取る立場だ。「私の判断は正しいだろうか」。常に、その問いが必要なのが自己責任の人たちであって、それが組織的な決定をする人たちとは異なる。組織的な決定では「自由意思」と「責任」が消えてしまう。台風水害で新幹線の車両を水没させても決定権者は登場しない。首里城を燃やしてしまっても責任者は登場しない。もし、これが私の財産だったら、「能動」的な決定の結果であって、自分自身に対して「お前、死ね」と命じる以外にない。

それを組織的な決定をする人たちに分からせるのは難しい。いや、それがサラリーマンを無責任にするシステムなのだと思う。節税対策をアドバイスする銀行やハウスメーカーの人たちだ。どのような事態が生じても誰も責任を取らない。

それは当事者の全てが「中動態」な決定権者だということにある。担当者は上司の決裁を必要とし、上司は、さらに、その上司の決裁を必要とする。上司も部下の報告を受けて決裁する立場であって誰も能動的な決定をしていない。顧客も自分では決定せずに大会社の社員から説明を受け入れる「中動態」な立場だ。なるほど、それが國分氏が哲学の効用と論じる思考の基盤なのだ。誰もが「中動態」な立場になってしまうのが組織的な決定で、誰も責任を取らないシステムが完成する。

それに対して税理士や弁護士は常に能動的な決定権者だ。依頼者の判断に任せるという受動的な逃げも可能かもしれない。しかし、それでも専門家としての能動的な「説明責任」からは逃げられない。自己責任と背中合わせなのだが、それが人間を育てる。依頼者の人生を守り、自分の人生を守る自己責任の世界だ。自分の人生に対して「中動態な決定」という概念はあり得ない。

## 第63　今の自分

週刊税務通信に国税職員の定期異動が紹介されていた。国税に勤務していたら、これが人生の何割かを占める自分のアイデンティティになるのだと思う。同期より先に良い地位に異動するか、遅れてしまうのか、どこに異動するのか。

私には全く考えられない人生だ。もし、前橋税務署への転勤を命じられたら、土地勘のない地方で、面識のない同僚と、経験したことがない業界を担当することになる。家族を連れて住まいを引っ越し、日常生活の全て、つまり、いつも通っているレストラン、パン屋、花屋さんとも別れることになる。

私は埼玉に田んぼの中の一軒家を相続している。仕事を辞めたら田舎に引っ越すことを想像することがある。小さな建物を建て、大きな天窓を造る。そうすれば満天の星座を見ながら生活することができる。家庭菜園にするには広すぎる畑もあり、ブルーベリーなどを植えるのも自由だ。ヤギを飼いたいし、鶏も飼いたい。可能なら露天風呂も造りたい。いや、しかし、とんでもない計画だ。それを実行するのには私の人生の80％は捨てていかなければならない。

駅から2分の自宅と、いつも犬の散歩をするおとめ山公園、その途中ですれ違う人たち、見知った町並みと住宅地。誰が住んでいるのか不思議に思う大邸宅。お付き合いが少ない都会の生活だとしても、すれ違えば挨拶をする人たちがいる。

なぜ、国税の職員、いや、大手企業に勤める多くのサラリーマンは転勤生活に耐えられるのか。3年毎の転勤を繰り返す裁判官や検察官から、それが楽しいという意見を聞くことがある。多様なしがらみが生じる前に新しい町に行き、新しい仕事に替わることができると。本当なのだろうか、宿命として受け入れているだけではないのだろうか、それを否定したらサラリーマンは勤まらない。

どうして私は転勤生活を嫌うのか。おそらく異なる種類の生き方があるのだと思う。自分のことは自分で律する人生と、大きな組織の中の一員として活躍することが好きな人たちの人生の違いだ。では、私が反対側に回ったら違和感なく他人に成績表を付けてもらう人生を過ごすことになるのだろうか。

それが違うと思うのだ。仕事が人生を選ぶのではなく、人生が仕事を選ぶ。そもそもの私が存在し、その私が選ぶ生き方がある。私が、私に生まれてきたら「今の自分」を選ぶことになる。そして、多くの人たちは「今の自分」に18歳で気付くか、22歳で気付く。しかし、就職し、その後に「今の自分」に気付き、あるいは自分を発見せずに一生を終える人たちもいるのだと思う。

私が、「今の自分」に気付いたのは18歳だった。だから日商簿記1級から始め、税理士試験に挑戦することになった。会社に勤めて出世をしていく「今の自分」はイメージできなかった。いや、明確にそれを意識したわけではない。それを明確に意識したのは、このコラムを書いている今の年齢になってからだ。しかし、今の年齢になって表現される「今の自分」が18歳の自分の進路を導いてくれたのだと思う。

## 第64 性格は大脳基底核に宿る

脳の中にも役割分担がある。短期記憶装置は海馬で、感情は扁桃体が担当し、記憶や知識は大脳皮質に蓄えられる。さて、自分自身の性格はどこに宿るのだろう。統一された性格がどこかに宿っているはずだ。

一般的には性格は知識と教養の集合体と認識されているように思う。しかし、知識や教養が性格に影響を与えるのなら義務教育や大学教育と知識を得て性格はコロコロと変わるはずだ。偏差値の高い大学の方が性格が良い子が揃う。知識や教養は性格には結びつかないように思う。では、性格はどこに宿り、どのような訓練で作り上げられるのか。どうも性格は大脳基底核に宿るような気がする。

大脳基底核は習い事の習熟を司る脳内の部位だ。生まれた子供が歩けるようになり、歩く子供が自転車に乗れるようになって、自転車に乗る子がスケボーをマスターする。一度習得してしまえば必要なときには直ちに昔の習熟を呼び出すことができる。そして大脳基底核は間違えることがない。幼児の頃に歩き方を習得してしまえば、人間は何歳になっても60キロの体重を垂直に維持したままわずか0・05㎡の両足の裏で支えて転ぶこともなく歩くことができる。

さて、話は変わるが、私の友人の子が暗算5段だそうだ。暗算をする能力は、数学、英語、国語のどれに類似するのか。つまり、理屈、記憶、共感などに直接につながる能力なのか。それが違うというのが友人の意見だった。どちらかといえば大脳基底核の能力に近い。考えるまでもなく計算できてしまうし、暗算の訓練を受けた者は、何歳になってもその能力が失われないとも聞く。

将棋のプロが日本経済新聞の「私の履歴書」に登場したが、将棋とはどのような能力なのか。それを語らないことを物足りなく感じていたが、これが理屈や記憶の問題ではなく、大脳基底核の訓練だと考えれば理解できる。だから、子供の頃からの修練を必要とするのが将棋なのだと思う。テニス選手が練習に明け暮れるのと同様に大脳基底核にスムーズな運動機能を習得させる。

人間の性格も大脳基底核に宿るのではないのか。意識しても歩き方を変えられないように、意識しても性格は変えられない。逆に、意識しなくても自分の性格が出てしまう。自分の性格と異なるところを演じさせられる役割（職務上の地位）もあるが、それを続けることは大きなストレスだと思う。底意地の悪い人間に出会うことがあるが、あれは大脳基底核の育て方を間違えた人たちなのだ。知識や教養では彼（彼女）の習い性になった大脳基底核の再教育をすることは不可能だ。

しかし、スポーツ選手が毎日の訓練によって自分の欠点を克服していくように、それは性格にも当てはまるように思う。欠点のある自分の性格でも、それと丁寧に付き合っていけばいつかは大脳基底核が良い性格を作ってくれるはずだ。知識を得ると共に、それを使いこなす自分を育てる修練を怠ってはならない。

## 第65　悟りとは何か

仏教とは何か、悟りとは何か。

これについて宗教学者の佐々木閑氏が日本経済新聞（令和2年8月7日夕刊）に語っていた。

「古代インドから伝わる仏教の文献を見ても、人が一瞬にして悟りを開いた、というような話はみあたらない。創始者の釈迦自身、長い修行で試行錯誤を繰り返し、その最終結果として菩提樹の下で『悟りを開いた』とされているが、それも、じっと思索を続けた結果として、『じんわりと』真理が見えてきた、という言い方になっている」

熟考を重ね、最後に、その答えを得る。それなら仏教は哲学なのか。そのことについて、佐々木氏はYouTubeの「仏教哲学の世界観」で次のように語っている。哲学はソクラテスが語ればいいのだが、仏教は、語るだけではなく、その者の実践を前提にする。出家し、修業に励む修行僧という前提があっての悟りだ。佐々木氏の言葉を聞いて、それこそ、この歳になって、ようやく仏教の意味が分かってきた。では、仏教を語ることに意味があるのか。それはなさそうだ。

仏教は、苦を抱える者が、その苦から逃れるための個人的な修行であって、あくまでも修行をする自分を救済するのが「釈迦の仏教」だ。「『釈迦の仏教』にも『利他』の概念は存在」するが、それは「自分が率先して厳しい修行に励む姿を見せることで、苦しみを抱えながら暮らしている人たちに『そうか、こういう救いの道もあるのか』と、気づきを与えることが『釈迦の仏教』における利他です。言ってみれば、よき手本となってみんなを導くというかたちでの利他なのです」（『大乗仏教』佐々木閑著　NHK出版）。

では、念仏さえ唱えれば救済されるという念仏仏教とは何なのか。「釈迦の仏教」とは全く異なる存在だ。コロナなど人知を越えた禍に際しては、仏に頼りたくなるのが人間の弱さだが、それを救済してきたのが「大乗仏教」なのだろう。では、日本の「葬式仏教」は何なのか。

「日本仏教に対する風当たりも強くなってきています」「他の仏教国から日本を見ると、完全に堕落した宗教だと言われるわけですね。酒を飲んで、奥さんがいて、髪の毛を伸ばして、これのどこがお坊さんだと言われても、反論できないわけです」（『宗教は現代人を救えるか』佐々木閑・小原克博共著　平凡社）

世界を知るためにはユダヤ教、キリスト教、イスラム教の思想を学ばなければならない。そしてこれは難しくはない。文章化された理屈に従うのが西欧宗教だ。それに対して僧侶さえ理解していない念仏を唱えるのが日本の「葬式仏教」。その意味が分からなかったが、優れた宗教学者の一言で理解できたような気がする。これも悟りの一つなのかもしれない。いや、修行し、自ら学び、実践してこそ悟りになる。釈迦の悟りの境地の片鱗でも理解したいと思うが、それは叶わない。その先には平穏という世界があるのだろうか。

それともう一つの収穫があった。佐々木氏がコロナ禍に際してYouTubeを利用して行った大学の講義には大いなる収穫があった。YouTubeが大学や学部の垣根を越えた学際的な知識のツールとして利用されるようになったら嬉しい。

## 第66 営業職、事務職、作業職

昭和の時代のことだが、勤めてくれていた職員さんが結婚することになった。お相手は東大卒のエリート銀行マンだ。しかし、職員のお祖父さんは大手メーカーの株主として会社四季報に掲載されている。なぜ、その会社に勤めないのかと聞いたところ「メーカーは給料が安いから」と。

私は、サラリーマンの経験がないので、なぜ、メーカーは給料が安いのか、その理由が分からなかった。業種別の給与水準があり、銀行を筆頭にする金融系は給料が高く、メーカーは給料が安い。歴史的な理由なのか、産業構造なのか。その疑問が解消されたように思う。

それがM&Aを扱う会社の社員の給料の高さだ。平均給与で2000万円に近く、3000万円を超えている人たちもいる。なぜ、それほどの給料を支払えるのだろう。おそらく、その理由は次の通りだ。

営業職の給与は1000万円を超える。そして、営業職は歩合ではなく、ノルマで働く。ノルマが達成できなければ、給料が下がるだけではなく、会社での居場所がなくなる。給料以上に働いてくれるのなら、いくらでも給料は上げられる。それが2000万円、3000万円の給料の理由だ。営業職を有効に活用した会社は利益を計上して成長する。駅前で戸建て住宅のビラを配る人たち、土地持ちの農家にアパート建築を勧める人たち、詐欺商法の会社の営業マンの給与もノルマと歩合で成り立っているのだと思う。

事務職の給与は男性でも700万円を超えず、女性なら600万円を超えないと思う。役職に就くことでようやく1000万円を超えることが可能になる。しかし、その後の役職定年までの年数は短い。さらに作業職の人たちは500万円を超えない。飲食店に勤める人たち、コンビニに勤める人たち、宅配便の荷物を届ける人たち、そして工場で働く人たちだ。

そのように分類してしまえば、法律事務所や、税理士事務所の低賃金も位置付けができる。そもそも営業職に競って給料を上げていくことは不可能だ。しかし、働く人たちは、この区別をせずに、給与格差を「勤め先格差」と考える。公務員は、この区別をせずに、自分たちの給与の増額を求める。

公務員に営業職は存在しない。誰もカネを稼がず、事務職と作業職が存在するのみなので一般企業と比較するのなら事務職、作業職と比較すべきと思う。しかし、彼らは大企業平均と比較し、自分たちの給与の低さをアピールする。だからこそ公務員は効率の良い勤め先なのだと思う。裁判官から区役所の戸籍謄本係まで、事務職、作業職というノルマのない仕事で、それなりの給与が支払われている。

自分の事務所の職員の給料額で思い悩んでいるボスは多いと思う。それが自分が経営する「勤め先格差」ではなく、働く仕事の違いと位置付けられたら、少しは気が楽になると思う。新規の顧客を獲得してくれる職員ならいくら給料を支払っても惜しくはない。働く人たちも、このような分類で自身が納得できると思う。ノルマに追われた営業職を勤めるのが楽しいのか否か。私ならお断りしたい。

## 第67 で、君はいくら持っているの

仕事のできるビジネスマンは靴を見れば分かる。

そのように語る銀座のママの本があるが、そんなことで人物が値踏みされるのだろうか。しかし、これは真実だと思う。保険会社や大手銀行の新卒採用には見栄えも大きく影響すると聞く。営業職で生きていく彼らには見栄えが大切だ。

私は、そんなことでは他人を値踏みしない。私が値踏みをするとしたら、まず、どれだけの語れるモノを持っているか。そして、それを短い会話の中で表現できる能力があるか。私が語る事柄の意味を実感として捉える社会経験と柔軟性を持ち、素直に驚きと賛意を示す才能があるか。そして1時間後には私にもいくつかの気付きを与えてくれる。良い友と会話をすると、どちらが語るわけでもなく新しい気付きが登場する。他人の靴など見たこともない。

良い靴を履く人たちと、私たちがみる世界は違うのだと思う。私たちの世界では、私と顧客は同じ思いで仕事をしている。全ての事柄を自己責任で決定し、ミスをしたら自分で頭を下げて身銭を切る。そして自分自身の経験を依頼者に語り、依頼者の経験を自分自身の経験に取り込む。

それに対し、良い靴を履く人たちが語るのは会社で扱う200億円のファンドであり、大規模なビルの建築、外国企業への多額の出資だ。そこで語るのは大手企業の部長としての言葉であり、その部下としての言

葉だ。もちろん、日本の経済は、その人たちの活躍で成り立っているのであって、大手企業のサラリーマンとしての活躍を否定する気持ちなどは少しも持っていない。ただ、靴の磨き具合で値踏みする人たちと、私が他人を値踏みする場合の基準が異なるだけのことだ。

なぜ、彼らは良い靴で判定されるのか。それは自分が置かれた地位を認識し、それを表現する立場にいる人たちだからだ。大手銀行の名刺を持ち、大手銀行が実現する価値を代表し、大手銀行のために働くことを表現し、それを自尊心とするサラリーマン。それが良い靴を履いた人たちだ。

小規模宅地特例を議論し、わずか５００万円の相続税の節税策を議論する。そのような私たちの価値観と、良い靴を履く人たちの価値観には接点はない。お互いに価値を認めないものを比較しても意味はないだろう。いや、そこにも共通の尺度がある。「で、君はいくら持っているの」。この頃、これが魔法のキーワードのような気がしている。

自分の判断と自己責任で生きる私たちの生活でも、大手銀行の名刺を持って働く人たちでも、「で、君はいくら持っているの」という設問で全てが判定されてしまう。なぜなら、どんな働き方をしていても万人の目標は「で、君はいくら持っているの」という問いに集約されてしまうからだ。先祖から相続した田地田畑ではなく、住宅ローンで取得したマイホームでもなく、受け取っている給料でもなく、いま手元に持っている現金。それが現状を現し、そして現状は正しい。会社で働かされていても家に帰ればひとりの人間になる。心の中で質問してみればよいと思う。「で、君はいくら持っているの」と。そうすれば実感のある世界が目の前に出現すると思う。

# 第68 バブルの教訓、コロナの教訓

昭和のバブル経済では、既に、存在の意義を失っていた銀行が不動産融資で生き延び、そして破綻した。一般庶民から小さな預金を集めて、それを大きくまとめて大企業に設備投資資金として融資する。高度経済成長時代の銀行のビジネスモデルだったが、企業が時価発行するようになり、そのビジネスモデルに限界が生じていた。不動産業者への融資で延命していたが、それが傷を深めてしまった。

今回のコロナも、存在の意義を失っていた事業を潰すことになるのだろう。「米衣料品チェーンのＪクルーが米連邦破産法11条の適用を申請し経営破綻した」。そのようなニュースが流れてきた。「ネット通販の普及が旧来型の小売業を淘汰する『アマゾン・エフェクト』で体力を弱らせた企業が新型コロナで追い打ちをかけられ破綻するケースが増えそうだ」と解説されている。

では、どのような現象が日本で出現することになるのか。仮に、百貨店、アパレル、観光地のホテル。それに加えて円安需要で販売額を伸ばしていたマンションなど土地関連産業と、留学生で息をついていた地方の大学などは破綻の最先端を歩いている。しかし、本当に怖いのはコロナ後の生活習慣の変化だ。飲食店に食事に行っても「安心」と言えるほどのコロナ撲滅が成功するのだろうか。３密を防ぎながらひっそりと生きる。そのような社会になったらアル中の客以外は飲食店に入らないと思う。

それでも家賃の負担のない店舗は生き延びるだろう。家賃を支払っていても身分相応の店は生き残れる可能性がある。では、その反対側にいる家主族はいかがだろうか。カボチャの馬車型の投資はダメになる。低金利と賃料利回りをエクセルで計算して投資を実行した人たちだ。しかし、私の周りにいる家主族は既に借金の返済を終えている人たちが多い。

その理由は免疫なのだと思う。一時代前のバブルというウイルスを経験（感染）して教訓（免疫）を得ているか否かの違いだ。値上がりする地価が永遠に続くことはないし、インバウンド需要で日本が観光客で溢れる経済が続くはずはない。地価が上昇し続け、町が壊され、無謀な投資家が成功を自慢する。そのような時代が続くはずはないと昭和のバブルで学習した人たちだ。社会の熱気に胡散臭さを感じる経験を持つ人たち。バブルを経験した私の時代の人たちには免疫（経験）があった。

免疫を持たない若い人たちが今回のウイルスにやられてしまう。今の熱気が永遠に続くと思っていた人たちや、需要にあわせて拡大するのが事業経営と思っていた人たち。起業家の勢いの良い言葉に酔っていた人たち。低金利を理由に貸家業に投資した人たち、そして定期同額給与が永遠に保証されると思っていたサラリーマン諸氏。

そのような人たちは、私たちの年代がバブルで学んだように、コロナで学んでおいた方が良いと思う。そして、自身が高齢者と言われる時代に出現する次の危機の際には、平穏な生活を語れる人たちになれば、私にとってバブル崩壊の経験が無駄ではなかったように、コロナの経験も活かせることになると思う。

# 第69 仕事という半球と、人生という半球

誰でも仕事を持ち、そして自分の人生を持っている。

これが会社に勤める場合なら、三菱UFJ銀行の行員であり、日本生命の社員であり、トヨタ自動車の社員という立場だ。そして多様な役割の人たちが、多様な肩書きを持ち、多様な職務を担当し、多額の資金を動かして、多額の利益を獲得している。

それがサラリーマン氏の働き方で、仮に、次のような地上の半球と図示できる。しかし、人々の生活はそれでは終わらない。地面に埋まった半球部分に個人としての生活が存在する。そして地上の半球と地面に埋まった半球は「雇用と給料」という関係で接続されている。

サラリーマン氏と会話をしたときに見えるのは、地上に現れた社名であり、会社が売る商品であり、それが信用を決めるブランドになる。個人の生活などの家庭の価値観が彼らの会話に登場することはないし、彼らが語る事柄に影響を与えることもない。地上の半球と地面下の半球は別の存在であって、それが「雇用と給料」の関係を超えて影響し

合うことはない。

しかし、税理士は異なる。地上の半球と地面下の半球は一体として1つの球体を構成している。仕事の依頼は、自分自身に対する評価であり、自身の判断基準の実行であり、自身が負担すべき作業であり、報酬であると同時に負担するリスクになり、家族の生活のための収入になる。

自身の生活、家族の生活、趣味、蓄財などの半球部分は、自分自身の生活を構築するための判断基準であるのと同時に、仕事を行う上でも渾然一体の判断基準として地上の半球部分の判断基準にも採用されている。これが実感に基づく判断を可能にする。「借金してアパートを建てましょう」と語りかけるのがハウスメーカーの社員だとすれば、それを無謀な投資と判断し、1億円の借金の重さを知る生活実感だ。

どのような事柄であっても実感のない判断は空虚だ。大手企業から多様な提案があったときには、いや、自分が教科書で学んだ知識を基にアドバイスを行おうとする場合は、一歩、立ち止まり、自分の生活実感で考えてみる必要がある。借金してアパートを建てるのが正しいのか否か。そして生活実感を充実させるのに必要なのが経験と年齢だ。全ての経験を生活実感に結びつけてほしいと思う。

資格
営業、売上、経費
専門家責任、事務所の組織
自分の生活、家族の生活、
収入、子育て、住まい
趣味、老後の生活

# 第70 テレワークという仮想現実

コロナ以降はテレワークが大流行だ。テレワークで働けない職場は遅れていて、コロナが終わった以降も働き方は戻らない。そのような論調が多い。しかし、テレワークで働ける人たちは20%も存在しないと思う。店舗で接客する人たち、工場でモノを作る人たち、物流を扱う人たち、漁業や農業で働く人たち、医療機関や介護施設で働く人たち。いくらコロナ禍の緊急避難だといっても、これからの時代はテレワークだというマスコミの論調は働く人たちをバカにしているとしか思えない。

では、テレワークで働いている人たちが充分な仕事をしているだろうか。現実に、私もテレワークを強いられている。講演会の講師をテレワークで行う。しかし、テレワークでは品質が維持できない。納得、笑い、皮肉、逆説、実感などの空気が伝えられない。もし、テレワークが有効ならいつもテレビを見ている定年退職者は大天才になっているはずだ。

いま、「天地創造」という映画を録画して見ているが、登場する場面が全て分かる。次の場面ではロトの妻が振り向いて塩になることも先読みできる。いや、なぜ、振り向いたら塩になるのか、その意味も分かる。それは、映画以前に活字の聖書と、それに関連する書籍を読んでいるからだ。「天地創造」という「映画」で旧約聖書の思想を理解することは不可能だ。

テレワーク（telework）は、テレビ（television）でワーク（勉強）することだと思う。抽象的に考えれば、テレビでワーク（勉強）するのは効率的だが、それ以上に不完全さが気になってしまう。私はネット環境があればどこでも仕事ができるが、現実に実行してしまったら仕事の精度が落ちてしまう。相談者が語る言葉の意味を超えて、相談者が感じている不安と、私の語る言葉に対する感性と納得。いや、納得せずに、さらに不満を強くする依頼者。そして依頼者が語らないことを聞き出すタイミング。

3密を防ぐ必要性から、いま、企業は仕事の品質を落としてテレワークを実行している。いや、IT産業には大量の単純作業があるのだろう。就職斡旋サイトに登録された職歴をチェックし、グルメサイトに投稿された写真をチェックする人たちだ。犬の糞をレストランサイトに投稿されたら困るだろう。しかし、それ以外の会社でテレワークが可能だとは思えない。

では、なぜ、テレワークが賞賛されるのか。その昔、AIだ、ディープラーニングだと騒ぎ、世の中が変わると主張していた人たちがいた。その時代にもAIの限界を論じていた人たちがいる。AIは人間と異なり欲求を持たないのだから、要求に基づく必要性を理解することができず、多様な要求で完成する世界を理解することはできない。そのように常識を語っていた人たちもいた。

今の時代、テレワークで時代が変わると騒いでいるのは、AIで社会が変わると論じていた人たちに似ている。自分自身で考えてみればよい。いつでもテレワークに移行可能だとしても、それによって失われる品質、成長。それらを犠牲にしてまでテレワークにする意味がない。そんなことでは社会は回らない。

# 第71 分母は売上

このごろ毎日のように本を買っている。新聞で見た新刊書の広告。Amazon でポチれば翌日には手に入ってしまう。読む価値がある本もあり、読む価値のない本もある。1年間に300冊の本を購入してヒット率は10%だろうか。書名と著者の経歴だけを頼りに注文するのだから仕方がない。3分の1は全く読む価値が認められず40頁を読んで捨ててしまう。さすがに、これは勿体ないと考えることもあるが、しかし、無駄な本を読む時間の方が勿体ない。こんな贅沢ができるのは私が事業所得者だからだ。

1冊800円の買い物を躊躇する必要はない。知識を得るのが仕事、本を読むのが仕事、それを語るのが私の仕事だ。そして事業所得者が買い物をする場合の分母は売上で、経費に計上する分子の税引き後の負担額は半額になってしまう。売上5000万円の分母に対して400円の分子を躊躇する必要はない。購入し、それが役立たない1冊だったとしても、そのこと自体に充分に価値がある。

これが給与所得者の場合なら分母は給料だろう。50万円の給与の支給を受け、社会保険料と源泉所得税が控除された手取額を受け取っているサラリーマン氏には、そこから800円を支出する負担感は事業所得者とは異なると思う。いや、私は給与所得者の生活実感は分からない。しかし、気楽に毎日ポチる生活は不可能だと思う。

分母が売上で、分子は経費。この視点は経費の支払に登場するだけではない。税理士会が主催する講演の講師に呼ばれた場合は、1時間について5万円の講師報酬が支払われるのが相場だ。3時間なら15万円だが、これに比較すべきは売上5000万円になる。意味のない収入とは言わないが、しかし、事務所を維持するための収入の足しにはならない。そして所得税の負担を考えれば税引き後の手取額は7万5000円だ。

しかし、これが大学教諭が引き受けた場合なら、彼にとっては充分な余禄だと思う。1回15万円の講師を3回も引き受けたら45万円の収入になり、6回も引き受ければ13ヶ月目の給与になる。売上を分母とする人たちと、給与を分母とする人たちでは、同じ金額でも印象は全く違う。上場会社の監査役を引き受ける人たち。これも大学教授と弁護士の場合では受け取る日当のイメージは全く異なると思う。

勝手なことを述べてきたのは、節税効果を説明するのが目的ではない。事業所得者が、いかに心豊かに生活できるか、それを言いたいのだ。800円の1冊の本を購入するときの負担感の軽さ、1時間で5万円の講師を引き受けるときに金額にこだわる意味もない心の豊かさ。これは事業所得という所得区分で生活する私たちの金銭感覚だ。ただし、そのためには自分を育てる必要がある。1万円以下の支出にこだわらない、10万円以下はカネとは言わない。サラリーマンと同じ金銭感覚で生きていても楽しくはない。給与所得に比較すれば所得税法上は不利益な事業所得だが、それを心の豊かさと捉えれば、事業所得者として生活をしてきた人生は恵まれていたと思う。

## 第72　みっともない商売

弁護士というみっともない商売。そのように語っても一般の人たちには理解してもらえないと思う。しかし、本人に代わって恥をかくのが弁護士業なのだ。

刑事事件なら、本人に代わって頭を下げ、示談書を入手するのが弁護士の仕事だ。愛人（当時は妾）の不倫を疑い、愛人からカネを脅し取ってしまった。そのような事件の紹介を受け、愛人宅に示談書をもらいにいったが、もちろんもらえなかった。

顧問先の食事係の女性が従業員と駆け落ちし、子供をあやす振りをしながら宝石店で万引をし、それを質屋に入れるという事件を起こした。示談する資金もないので、質屋を回って「寛大な処分を」という嘆願書をもらって歩く。なぜ、不倫の後始末や、知能に問題がある女性の不始末のために私が頭を下げるのかと不思議に思う。しかし、嘆願書でももらわなければ法廷で弁護する言葉の1つも出てこない。弁護士の熱意を裁判官に理解してもらうのが刑事弁護の一場面なのだ。

民事事件についても同様だ。本人に代わって無理筋の主張を組み立てるのが弁護士の仕事だ。それでも、私の時代は本人と弁護士の間には距離感があった。本人が夢中になって無茶な主張をしても、それを常識的な主張に書き換えるのが弁護士の存在価値であり、弁護士の説得力だった。いま弁護士は本人と一緒に無茶な主張を作り出す。ネットを通じて多数の弁護士に相談している依頼者は、自分にとって一番に有利な主張を組み立てた弁護士を選ぶ。本人を説得などしたら事件が逃げてしまう。

弁護士が変質してしまったのだ。私の時代は弁護士のプライドが大きな要素だった。だから危ない客を引き受けないために、紹介のない事件は断っていた。恥をかくような負け筋の訴訟は起こさず、法律論で負けてしまうことを嫌う。依頼者に対する弁護士の指導力があったのだが、いま、そんなことを言っていたら引き受ける事件がなくなってしまう。

「悪貨が良貨を駆逐する」。実質上の価値が異なる貨幣が同時に流通すると、金の含有量が多い良貨は仕舞い込まれて市場から姿を消し、悪貨だけが流通するというグレシャムの法則だが、弁護士業界も同様の状況だ。本来の意味とは異なるが、格段に合格しやすくなった新司法試験によって大量の弁護士が市場に参入し、良貨までもが質を落とさないと仕事が取れない。「埼玉など12道県の弁護士会が、人口が減少する中、弁護士が供給過剰になっているとして、政府に司法試験の合格者をさらに減らすよう求める声明を発表した」。むちゃくちゃな請求をしてくる弁護士の司法試験合格年度を見ると旧司法試験の時代だったりする。

私の場合だが、充分に弁護士生活を楽しみ、その後、裁判から足を洗ってしまった。これが正解だと自画自賛している。裁判をやります。そんなスタイルをしていても、いま弁護士が増えすぎて私に仕事が回ってこない。裁判で稼ぐのでは私の事務所は維持できない。依頼者の平穏な生活を守る。そのためには弁護士から身を守ることが必要な時代なのだから皮肉だ。それに私の弁護士経験が役立つ。

## 第73 デフォルト・モード・ネットワーク

私は、いつも、スマホのニュースアプリを見ていた。暇にしている時間なら無駄に過ごさず、多様な情報を得るのは有意義だろう。スマホのニュースアプリは退屈もさせない。しかし、これは間違いなのだと気付いた。そしてスマホのニュースアプリを抹消した。

「デフォルト・モード・ネットワークに入りやすいのが、歩いているとき。だから、歩いているときには、思いがけずアイデアが湧いてきたり、パッとひらめいたりするのです」『病気の9割は歩くだけで治る！』（長尾和宏（開業医）著　山と溪谷社）。多様な情報を自分の机の上に持ってきて観察し、分析するのが仕事モードだとすれば、机の上に溜まった情報を、脳の図書館の所定の場所に保存するのが「デフォルト・モード・ネットワーク」の働き（休息時、睡眠時）。これは『脳科学者の母が、認知症になる』（恩蔵絢子（脳科学者）著　河出書房新社）の引用だが「なるほど」と思う。

スマホから文字や映像などの膨大な情報が絶えず流入し続け、情報処理が追いつかなくなる。「スマホによる脳過労」「オーバーフロー脳」などと呼ぶ脳神経外科医も現れ、脳の異常は一時的なのか、認知症の初期症状なのか、議論が始まっている（NHK「クローズアップ現代」）。最近、私が微妙に「ウツ」だったのはスマホのニュースサイトの影響かもしれない。テレビを見ながら行う「ながらスマホ」が一番に悪いそうだが、それも「なるほど」と思う。

私は、朝の30分と、夕刻の1時間の犬の散歩を日課にしているが、時間で働いている立場からすれば、これは無駄な時間だ。しかし、この無駄な時間が必要だったことは思い返してみれば明らかだ。多様な仕事をして、多様な原稿を書いているが、仕事のミスや原稿のテーマを散歩の途中で発見したことは数知れない。それを無駄な時間と認識し、散歩の途中でもスマホを見ていた。通勤の電車の中でスマホのニュースサイトを閲覧していたが、そんな生活をして数年、知識が増えたとも、思考が深くなったとも思えない。

いや、しかし、デフォルト・モード・ネットワークに入るのは犬の散歩に限らない。就寝中にふと目が覚めて、枕元のメモ帳に記録を残したことは数知れない。脳が寝ているのでメモをしておかないと忘れてしまう。寝られない夜も、それがデフォルト・モード・ネットワークの時間だと思えば楽しくなる。「寝なければ」と考えるのではなく、いまアイデアの時間と考えることにした。そうしたら不眠の時間も楽しくなる。

川で釣り糸を垂れる時間、一人で山歩きをする時間、皇居を一周するランニングの時間、そして座禅をする時間。先人が求めてきたのは釣り糸にかかる魚ではなく、デフォルト・モード・ネットワークの時間なのだと思う。座禅をすることでたどり着く無我の境地。煩悩に溺れる私には未だに理解できない悟りの境地だが、それが無欲という道徳的な境地ではなく、自分自身が育ててきた自分と向き合う時間。デフォルト・モード・ネットワークの時間だと思えば納得できる。

## 第74 低金利の時代

多様な救済融資がてんこ盛りに提供される。金利の優遇に目を奪われるが、それは違うのだと思う。金利ではなく、元本の返済が可能か否かが融資を受ける際の判断基準になる。

融資を受け、現金を保管しておくのなら借入を躊躇する必要はない。仮に、1億円の借金をしても年間の金利コストは100万円だ。銀座の和光ビルにディスプレイとして10億円の札束を展示しても1年分のコストは1000万円なのだから、デザイナーに依頼して飾り立てるよりも、よほどインパクトのある展示が安価に実行できてしまう。10億円分の1万円札を扇風機で桜吹雪のように舞わせたら見事だと思う。

しかし、融資を受けた金銭は設備投資や運転資金に充ててしまうのが融資の実態だ。金利コストは1%でも、元本コストは100%だ。コロナの救済融資のほとんどは返済不能になると思う。

低金利の時代は全ての処理が先送りできてしまう。開発業者が手に入れた50億円の土地。コロナ禍による地価下落で、これを処分すれば10億円の損失が実現してしまうが、金利を支払い続ければ年間のコストは5000万円で済んでしまう。しかし、いつかは実現してしまう含み損なのだから、急激な地価下落は生じないとしても、今後2年、3年と、ダラダラと地価下落の時代が続くと思う。

悲観的な金利論ではなく、低金利の有効活用も検討してみよう。まず、相続時精算課税だ。仮に、息子に5000万円を贈与する。その場合は、相続時に精算されるとしても500万円の税負担になり、暦年贈与が禁止されるというペナルティも課される。

そうであるなら５０００万円を利率１％で息子に融資すればよい。そして毎年50万円の金利相当額は暦年贈与する。現金ではなく、土地や株式の贈与には相続時精算課税の利用が必要だが、これは止めておいた方が良い。資産価値の値下がりをチャンスとして贈与しても、さらに値を下げてしまったら目も当てられない。

低金利は分掌変更退職金にも利用できる。退職金は欲しいが、会社からは離れたくない。税法上は死亡退職金が有利だが、しかし、死んでからもらう退職金では意味がない。役員報酬を２分の１にするという分掌変更退職金に挑戦するのは無謀だ。そういう場合は退職金担保の会社からの貸付だ。５０００万円を融資しても利率１％なら年間のコストは50万円だ。

自己株式の買い取りにも融資が利用できる。株主の生前に自己株式を買い取ったら総合課税になってしまう。そこで買取代金５０００万円を融資する。毎年１％の金利を支払い、相続が開始した後に、株式を相続し、借金を承継した相続人が自己株式の買い取りを求めればよい。そうすれば自己株式についての譲渡所得課税の特例を受けることができる。融資と同時に株式売買予約契約を締結し、株券を担保として会社に預けておけばよいと思う。

昭和の時代に作られた制度も、低金利の時代には利用法が異なってくる。ただ、そこで注意すべきは租税回避と疑われない注意深さだ。死亡するまで返済しない融資は退職金の仮装だと認定されてしまう。だから返済期限は５年間とする。５年後に返済期限を延長するのは自由だ。

## 第75 死ぬ準備

税理士業界は相続税対策の話題がてんこ盛りだ。賃貸物件やタワーマンションの購入、相続時精算課税、暦年贈与、養子縁組節税もある。民法相続編の知識についても、弁護士より、税理士の方が詳しいと思う。遺産分割、特別代理人の選任、相続放棄などについて相談を受ける件数が弁護士に比較して格段に多い。平和な家庭にも相続は発生するが、トラブルが発生しなければ弁護士は登場しない。

一般の出版物にも老後を扱うものが増えてきた。山を登る生活をしてきた人たちが、いつか、山を下ることを考える。「山を登るとき、爪先に体重をかけるけど、下山のときはかかとで踏みしめて進まないといけない。そして、向かい風と追い風。それぞれの状況で歩き方が違うわけだ」（五木寛之　東洋経済　令和2年10月17日号）。

いや、しかし、私自身は、年齢的には高齢者の域にたどり着いたが、死ぬことなど考えたことはないし、死ぬ準備など考えたこともない。いま実行しているのは生きるための手配だ。あと10年、さらにその次の10年も経過したら死ぬことを考え、死ぬ準備を始めるのだろうか。経験しないことは語れないので経験者が語る「死ぬ準備」は興味を引く。

余命宣告を受けた暖和ケアの医師が語る『がんになった緩和ケア医が語る「残り2年」の生き方、考え方』（関本剛著　宝島社）はリアルだ。9歳の長女、5歳の長男、そして妻を残して死ぬことになる。ただ、経済的な不安がなければ余命宣告を受けた後の人生に人による差異はない。誰でもが希望するのは美しく死にたい。私も、最後の最後に醜態は示したくはない。

いや、しかし、違うのではないか。「早くお迎えが来てほしい」と語る高齢者を見かけるが、それが本音なのか。「お迎え発言」は自分にも、周りの人たちにも納得感があるし、自分の考えの中にも「お迎え思想」があるのも事実だと思う。90歳になった高齢者が「まだまだ長生きしたい」と語るのも見苦しい。自分で経験しないことは語れないが、しかし、生きることに執着している高齢者は多いように思う。高齢者の頑固さは、自分の陣地（生きること）に執着しているからこその自己主張なのだと思う。高齢者が語る相続の話は自分自身のアピールかもしれない。

若い税理士が、相続税対策などと称して高齢者に死ぬ準備をアドバイスする。宗教家を筆頭に死を語りたがる人たちも多い。しかし、彼らに死を語る経験があるとは思えないし、高齢者の本当の心が理解できるとも思えない。ただ、高齢者と語り合った経験が、自分自身の生き方の教訓になるのであれば無駄ではない。

それにしても物質的な断捨離は必要だ。モノを処分し、権利関係をシンプルにする。それは死ぬための準備ではなく、シンプルに生きるための手配だ。人生という山には、登りはあるが、下りはない。登り続ければよい。生活を築き、財産を蓄え、名誉を求めるという山に登り、平穏という山が見えてきたら、それが高齢者が登る山なのだと思う。平穏という山の登り方も、それなりに難しい。そして、美しく死ぬ高齢者ではなく、美しく生きる高齢者になりたい。

## 第76 110万円の贈与

子や孫に毎年110万円を贈与する。しかし、そもそもどのような人たちが110万円の贈与を行うのだろう。贈与する年齢にならないと分からない実感だが、私の年齢でも、まだ、この実感が分からない。毎年に預金を積み上げる収入があり、手元にはてんこ盛りの預金があるのだが、しかし、これからの生活のリスク回避の資金を減じてしまう。

どのような人たちが贈与を実行するのだろう。①老後の人生を家族に任せてしまえる安心感のある人。②多額の預金を所有していて子への贈与は誤差の範囲の人。③息子から相続税対策に孫に贈与しろと言われた人。④子と孫にカネを与えることで感謝と自分の存在を認めさせたい人。⑤子供たちが自立できず毎年に渡す110万円で生活させている人。⑥愛情深く、教会への献金、ボランティアへの献金を欠かさない人。⑦自分自身が相続税で苦労し、子には相続税で苦労させたくない人。⑧子供たちが自立できなかったことについて親として懺悔の気分の人。⑨税理士に相続税の節税になると説明され、それが正しいと思い込んでいる人。いや、⑩普通の人なのかもしれない。

「今年から息子に年100万円ずつ贈与をしようと思う。千葉県在住の元会社員Aさん（73）はこう話す。保有資産は自宅のほか預貯金が2500万円ほどで、老後の生活は2000万円あれば賄える見通し。残りの500万円は、孫2人が中学生で何かと物入りな息子（43）の家計を少しでも楽にしてやろうと贈与を始めることにした」（日本経済新聞2021年1月23日朝刊）。

この方は⑤なのか、⑩なのか、あるいは架空の設例なのか。73歳で、わずか2000万円の預金で不安はないのだろうか。最近に見かけた介護老人ホームの入居保証金は3180万円で月額利用料は31万6500円だった。介護が必要になったら身内に介護してもらうのか。いや、しかし、いま子供たちも同居を嫌がる時代だ。親孝行という言葉が死語になり、いま子孝行の時代。一番の子孝行は、毎年に110万円を贈与してくれる親ではなく、娘にも、息子の嫁にも、おしめの世話をさせない親だと思う。先が見えない不安が解消されないのが老後の生活だ。

相続税対策になるといっても、子供たちとの間でカネのやり取りという気持ちの悪いことをしたくはない。節税目的の贈与を受けても子供たちが感謝するとは思えない。「じゃ、孫名義で預金しておくね」で終わってしまう。感謝を求めて贈与するわけではないが、それにしても親子の関係に感謝の「不等号式」を作り出してしまう。翌年からは110万円の贈与が当たり前になってしまう。

そんなことで親子の関係を壊すよりも、孫の医学部入学金を祖父母が負担してあげる方が楽しい。扶養義務者が行う教育費の負担には贈与税は課税されない。節税目的で贈与するゆとりがあるのなら、それは将来の楽しみに取っておきたい。ただ、援助する場合でも「私たちは、手元の資産で老後の始末ができる予定だけど、もし、資金に不足することがあったら、今回の贈与金を限度にして資金を補填してね」と申し伝えておく。

# 第77　法定相続分は思い込み

民法は、第1順位の相続人を子とその代襲相続人、第2順位の相続人を両親と祖父母、第3順位の相続人を兄弟姉妹と甥姪と規定している。つまり、子がない高齢な夫婦の遺産は兄弟姉妹や甥姪と分け合うことになるのだ。しかし、夫婦で獲得したマイホームを、夫の兄弟姉妹と分け合うことに納得できる妻がいるだろうか。そもそも、なぜ、兄弟姉妹や甥姪に相続権があるのか。

これを血が濃い関係にある者の相続権と考えるのは間違いだ。兄弟姉妹の相続権は家督相続の名残なのだと思う。家長が死亡した場合には、その財産は長男が相続し、その次には長男の子が相続する。しかし、子がないまま長男が死亡した場合は、家督相続はやり直しになり、長男から先代に戻り、それを次男が相続する。つまり、皇室典範の定めだ。

皇室典範では、皇位は、皇長子、皇長孫、その他の皇長子の子孫に承継され、それが存しない場合は皇次子とその子孫、その他の皇子孫と受け継がれることになっている。これが皇位の承継なら次男が承継することに違和感はない。家督相続は家名の相続であり、家督（社長の地位）の承継なのだ。

しかし、令和の時代、核家族の時代、自分たち夫婦が稼ぎ出したマイホームを夫の兄弟や甥姪と分け合うことが納得できるだろうか。そのような場合に救済になるのが全財産を妻（あるいは夫）に相続させるという3行の遺言書だ。「私の全財産を妻章子に相続させる。令和3年1月10日　関根稔」という3行の遺言書が配偶者を救う。遺言書は憲法にも優先する万全のツールだ。もし、子のない夫婦を見かけたら遺言書の作成をアドバイスしたら良いと思う。

しかし、逆に、法定相続人の地位にない者にも財産を分け与えたい場合がある。ひとり息子と結婚した花子だが、残念ながら子が産まれなかった。そして父母より先に息子が死亡し、花子は義父母と共に暮らすことになった。このような場合に花子を救うのが3行の遺言書だ。

「私の全財産を長男の妻花子に遺贈する。令和3年1月10日　関根稔」

自分が生きてきた長い歴史で縁を持つのは法定相続人に限らない。息子や娘の配偶者、そして孫。そのような人たちには、もし、余命宣告され、ゆとりがある段階で対応が取れるのなら暦年贈与をすればよいと思う。同居してくれた息子の妻、あるいは娘の婿こそが感謝を示すべき対象だ。なぜ、最期の面倒を見た息子の妻には相続権がないのだろう。

相続財産は法定相続人に承継させるというのは、単なる思い込みでしかなく、そこには正義は存在しない。縁のある人たち全員に贈与したいのであれば110万円までは無税で贈与できるのだから、子供たちの連れ合い、孫と数え上げれば多額の贈与が無税で実行できる。余命を知った後に、幸運にも2年間について暦年贈与が可能なら2倍の贈与が無税で実行できてしまう。法定相続分がある息子に相続させても、それに合わせて息子の妻、そして孫に贈与しても結果に違いはない。

法定相続は正しい。

その思い込みを解消すれば相続税まで節税できてしまう。

# 第78 テキストエディター

パソコンの使用環境は職業によって異なり、個人によって異なる。税理士なら会計と申告ソフトだ。それに加えてメールソフトやエクセルを利用する。弁護士の場合ならワードで、少数派は一太郎、そしてエクセルを使うことが多い。銀行や証券、生保なら独自のシステムで、各人のパソコンは端末としての役割しか果たさない。いや、それでも社内の業務は汎用ソフトが利用される。一番に利用されるのはパワーポイント、エクセル、それにワードだと思う。

私のパソコンの使い方ではテキストエディターが90%だ。いま、ほとんどの人たちはエディターを利用しない。しかし、パソコンを黎明期から利用している者にとってエディターは手放せない。ほとんどの人たちが利用していないテキストエディターだが、あえて一文を書いてまで紹介する意味があるのがデジタル化の時代だ。

エディターで作成したデータは、全てのソフトでの使い回しが可能だ。ワードでも、エクセルでも、パワーポイントでも利用できる。パソコン環境の変化や、ソフトのバージョンアップで使えなくなることはない。パワーポイントだったら、パワーポイントのデータとしてしか利用できない。データの一部をコピー&ペーストして他の用途に利用することができることから、データに汎用性があると満足しているパソコンユーザーは多いと思う。しかし、それを汎用性のあるデータとは言わない。

その不便さが典型的に現れるのがＰＤＦファイルだ。どのような環境でも利用できる標準ソフトだが、しかし、これは紙に印刷する代わりに、電子に印刷したアナログ情報なのだと思う。必要箇所をコピー&ペーストすることは可能だが、全文のデータを自由に加工することは不可能で、そもそもデータを抜き出して加工することなどＰＤＦは想定していない。全文をコピーしても改行マークや機種依存文字で文章が崩れてしまう。

エディターで作成したテキストデータにはそのような制限は存在しない。そして、パソコンで資料を作成する意味を考えればエディターと他のソフトは明確に分かれる。パワーポイントやＰＤＦはデータをプレゼン資料などに製品化するための道具だ。製品化したところでデータは固定化してしまう。それに対してエディターは文字列を流れるデータとして扱って固定化しない。テキストは再利用されるデータとして蓄積されていく。

私は執筆した書籍、実務の情報、顧問先から相談を受けた相談事項などをテキスト（デジタル情報）として再利用可能な環境を確保している。その20年分の蓄積が私のデータベースだ。税法と通達、それに改正民法の条文なども ApBooks というソフトを利用してデジタル法令集を作成し、ネットに公開している。

菅内閣も「デジタル庁」を導入した。ＰＤＦファイルの利用で満足していたら10年は時代に遅れている。誰でもが大量のデータを自身のパソコン内に保存しているが、しかし、それが再利用可能なデジタル情報である実務家は少ないと思う。テキストエディターこそがデジタル化なのだと思う。

# 第79 運転を代わろう

一代で大企業を作り上げた人たちがいる。アパホテルの元谷氏、ジャパネットたかたの高田氏、楽天の三木谷氏。普通の人たちとは異なる能力と度胸、それに時代に恵まれた人たちなのだと思う。各々の時代に、1000人に1人、いや、1万人に1人の割合で出現する偉大な経営者だ。いや、しかし、それ以上に凄いと思うのが、それらの会社を承継する2代目経営者だ。

1000人の人たちが挑戦し、その中の1人が成功者として名をあげる。しかし、それを承継する2代目経営者は1分の1の存在だ。なぜ、彼らは経営の才能を承継できるのだろう。偉大な経営者の能力を遺伝的に承継するのか、経営哲学を家庭の価値観として承継してきたのか。

零細事務所の経営に苦労している私の能力では、それこそ300人の従業員を抱える会社の経営でも不可能だ。では、彼らは私に比較し10倍、100倍の能力を持つ人たちなのか。常識的に考えてみれば、多くの2代目は、私に比較し、せいぜい10%優秀なだけだろう。なぜ、彼らが経営を承継することが可能だったのか。

その理由は次だろう。創業者は下道を走り、歩行者に注意しながら運転を続けて1000人の内の999人は下道に留まり、1人が、その車を高速道路に乗せる。そして高速道路で時速120キロで走る車を運転することになるのだが、その車の運転を代わるのが2代目経営者だ。高速道路を走っている車なら、運転免許を取得したばかりの初心者マークの1年生でも運転ができる。将軍家でも、老舗の経営でも、家元でも、その親の元に産まれれば事業承継できるのと同じだ。

いや、しかし、コロナ禍の時代、高速道路で多数の追突事故が起きて、前にも進めず、後ろにも戻れない。衝突した車は炎を吹き出し、ここに留まっていたら火災に巻き込まれてしまう。下道を走った経験がないので高速道路を降りることもできない。それが現在だ。2代目経営者は高速道路を走り続けることができるだろうか。

自分の力で、自分で築いた事業なら、自分で閉めるのは自由だ。それなりに財産を残している事業経営者は多く、コロナの時代に商売を続ける意味がない。いや、しかし、親から事業承継した人たちは大変だ。「創業230余年、東京・柴又の料亭『川甚』が令和3年1月末、伝統の味と歴史に幕を閉じた。8代目・天宮一輝社長は『ご先祖さんに顔向けできない』と客のいない店内で静かに語る」（日本経済新聞2021年4月5日）

偉大な経営者の相談を受けながら、この家庭に生まれた子は不幸だと思うことがある。他人事なら傍観者として見ていられるが、これが自分のことだったら大変だ。上手に事業を経営して当たり前で、失敗すれば全てを失う。そして2代（60年間）についてビジネスモデルが生き残る例は少ない。悪さがなければ創業者にはなれないが、多くの2代目は悪くはない。私が2代目なら、親父の趣味（事業）ではなく、資産（現金）を相続したい。私が親父なら、子には、子の人生を与えたいと思う。しかし、事業を承継するという幸運の星の下に生まれた人生には選択の余地はない。

## 第80 全額を賭ける人たち

世界の長者ランキングに登場した事業家を顧客にしたことがある。なぜ、あれほどの資産を蓄え、さらに事業の拡大を目指すのだろう。業界の一番にならなければ生き残れない時代だ。しかし、いま現在の資産総額が1000億円だとしたら、私なら1000億円で満足すると思う。いや、そういう人たちは、おそらく20億円で満足していたのだと思う。

いま、大きくなっているIT企業でも、その途中ではいくつかの会社をM&Aで取得してきた。その時点で企業を売る者がいて、企業を買う者がいる。20億円で満足する者が企業を売り、それでは満足しない者がM&Aを繰り返していく。20億円で事業を売却して後悔している起業家は多いと思う。しかし、それが、その時点での彼の決断（満足）だったのだ。

世の中には2種類の人間がいる。全額を賭け続ける人たちと、余剰資金しか賭けない人たちだ。全額を賭ける人たちが事業や上場会社を作り上げる。そして、上場会社になってからも全額を賭け続ける。何しろ、全額を賭けたからこそ上場会社になったのであって、そうでなければ20億円の段階で満足してしまう。事業拡大を続けていく人たちが1000億円企業を作り上げる。

これは株式投資をする人たちも同じだろう。儲けを再投資につぎ込んでいく。100を賭け、儲けを乗せて200を賭け、400を賭ける。信用取引で空買い、空売りを始める人たちは、さらに凄い。全額を借金してカボチャの馬車を買う人たちも同じだと思う。常に、2倍、4倍、8倍と求めていく人たちだ。

その反対側には余剰資金しか掛けない人たちがいる。余剰資金が貯まらないと賭けを始めないのだが、しかし、余剰資金が貯まる前に社会は変化してしまう。余剰資金で投資をしようとしたら、その前提として稼ぎが必要だ。頭金を確保しなければ賃貸物件も取得できない。

そして、全額を賭ける前者の人たちの100人に6人が成功し、後者の人たちの100人に6人が稼いで投資ができるようになる。前者の人たちの100人に94人は破綻して退場し、後者の人たちの100人に94人はいつになっても賭けを始めない。前者の人たちは6人の成功者しか見えない人たちで、後者の人たちは94人の失敗者しか見えない人たちなのだと思う。

そのことを2ちゃんねるを作ったひろゆき氏が語っている。

「ベンチャー企業の生存率のデータを見ると、創業から10年後は6・3%しかありません。つまり、100社中6、7社しか残らないのです」(『叩かれるから今まで黙っておいた「世の中の真実」』三笠書房)

多くの人たちは、この中間に属するのだろう。しかし、自分をどの位置に置くべきか悩んでいる不安定な人たちは多い。その人たちが詐欺師のカモになる。自問自答してみればよい。私は人生の全額をかけ続ける度胸を持っているだろうか。必要なのは自分の「度胸」についての見極めだ。そうしなければ優秀な営業マンに騙されてしまう。さて、1000億円を持っていた事業経営者はどうなってしまったのか。時代の変化に翻弄されて失意のもとに人生を閉じた。

## 第81 コロナ禍の株高

コロナで実経済が大きく傷んでいるのに、日経平均は史上最高値を更新しようとしている。実経済を反映するのが株価なのだが、逆に、株高が実経済のダメージを薄めてしまっている。コロナによる経済への影響は大きくはなく経済の回復は早い。その心理がマンション販売が好調だというニュースになり、地価は下落しないという楽観論を生んでいるように思う。

なぜ、株高なのだろうか。その理由の1つはカネ余りだろう。仮に、3000億円のファンドを預かり、さらに投資家からはカネがつぎ込まれてくる。ファンドマネージャーは利益を稼ぐ必要があり、投資資金を現金にして金庫に保管しておくことはできない。そうであるなら値上がりしそうな株に投資資金をつぎ込む。その投資がさらに株価を上昇させ、上昇した株価が、さらに投資資金を呼び込む。

これは日本のバブル時の土地取引と同じだ。なぜ、あの当時、地価が上がったのか。内需拡大という政府の方針と、時価発行増資によって企業への融資が細ってしまった銀行、そして値上がりする地価が、土地への資金供給を生んだ。なぜ、土地を買うかと問われれば、地価が上がるからと答えるのが昭和のバブルの様相だった。

いまの株価には、昭和のバブルと同じ既視感がある。なぜ、株に投資するのかと問われれば、株価が上昇するからと答えるだろう。いつか株価が反転するとは分かっていても、投資家は、市場から逃げ出すことはできない。それも昭和のバブル時と同じだ。

そして、日本の株価は海外投資家によって作られる。日本の株式の取引量の60％は外国人投資家が占めている。日本の企業の経営成績など、日本経済新聞に登場する情報を読んでも意味はない。株価はニューヨーク市場と為替相場によって作られている。

これが昭和のバブルなら、何の理由もなく株価が下がり始め、そして地価も暴落した。それでも情報の伝達（認識）速度にタイムラグがあったのか、東京のバブルが終わった後も、大阪の業者は東京の土地を買いあさっていた。そもそも不動産を扱う人たちは土地を仕入れることに熱心なのだ。土地を仕入れなければ商売のネタがなくなってしまう。

実経済を無視した株価も、実需を無視した地価もあり得ない。「従来から『２０２０年夏の東京オリンピックが終われば、アベノミクスの好景気と不動産バブルは崩壊する。オリンピック後にマンションの価格は下落する』と言われてきた。新型コロナウイルスによって、バブル的だった日本の好況は見事に崩壊した。おそらくここから1年ばかりタイムラグをおいて、不動産の価格は下がり始めるだろう」。森永卓郎氏が『相続地獄』（光文社）という近著で論じる地価論については、私も全く同感だ。

いや、既に、それが始まっている。「路線価をコロナで減額補正　大阪3地点」というニュースが令和3年1月26日の日本経済新聞に掲載されていた。「国税庁の調査によると3地点は20年1～9月に地価が23％下落し、路線価を下回っていた」。実経済を無視した株価も地価もあり得ない。株価の暴落は近いと思う。

# 第82 不確実性の社会

社会は、理屈があり、整合性があって、予測可能性があるものとして存在していた。しかし、コロナの時代には、その全てが失われてしまった。社会で語られる言葉には理屈が存在せず、各人が語る言葉には整合性がない。

都知事が「夜の街」と言い出したがコロナは夜に感染するというのか。重症者や死亡者について65歳以上の高齢者と報道されるが、日本の総人口に占める65歳以上の者の割合は27・7％だ。国民の4分の1が重症化の可能性があると指摘しても何の意味もない。

保育園、幼稚園、小学生などの子供たちの感染者は少ないが、その理由は解明されたのか。学生が飲み会で感染したと報道されるが、参加者の全員が感染しているわけではない。なぜ、同じ環境でも感染しない者がいるのか。

スーパーなどのレジ係は1日300人と対面すると思うが、レジ係が次々に感染したという報道は聞かない。日本の感染者が少ない理由は免疫なのか、日本は特別という「カミカゼ思想」なのか。医療崩壊と騒ぐが、なぜ、1年も経過し、医療施設の準備が整わなかったのか。

ニュース番組の3分の2はコロナ関連だが、そのニュースには理屈も整合性もない。1年間のコロナの知見も語られないし、大量の飲食店とホテルと旅行関連業者の破綻。それによって連鎖倒産する納入業者と大量の失業者、間近に迫る大幅な地価の下落、ばら撒き財政のツケなどの未来も語らない。

コロナ禍の時代を受動的に受け入れるだけではなく、コロナの時代を能動的に管理しなければならない。そして理屈があり、整合性がある生活を取り戻し、浮き足立った生活を終わりにしなければならない。

そこで私が定義してしまえば、コロナは飛沫感染だ。食事中は唾液が出て飛沫が増えるのだろう。食事を制限すべきは夜に限らない。交通機関などの黙する環境では感染は生じない。少量のウイルスは基礎免疫が退治してくれる。だから不織布のマスクと、大声、距離、会話する時間の制限が感染防止に役立つ。

小学生や中学生は重症化しないだけではなく、感染も少ない。もし、感染が多ければ、小学校、中学校でクラスターが発生し、家庭内感染で日本中に大量の患者が発生しているはず。理由は胸腺とキラーT型細胞の活躍であって、だから胸腺が衰える40歳、50歳から患者数が増える。小学校、中学校の一斉閉鎖は必要がない。

いま、モラトリアムの時代。私たちは、目の前にある仕事を合理的に片付けて1年、2年、3年と経過するのを待っていればよいし、待つ以外の対策は存在しない。感染すれば、それが軽症だったとしても多様な人たちに迷惑をかける。だからリスクゼロの生活をする。

コロナは戦争であり、歴史であり、人生なのだと思う。今の時代、私が生きている時代にコロナが出現した神の意思。今までの生き方、考え方、それら全てを問うのがコロナという試練だ。いつかコロナが終わり、コロナ時代の不安も忘れ去られる。そのときに備えてコロナの本質を理解しておくことが必要だと思う。

## 第83 テレワークという働き方

働き方はテレワークに移行し、コロナ後においても元には戻らない。そのような報道が続く。しかし、テレワークが現実に可能なのだろうか。1日7時間パソコンに向かって仕事をする。何を調べ、何を入力し、何を作り上げているのか。

これが作家なら自分の頭の中にある構想を書き込めばよい。私の場合なら蓄積した民法と税法の知識をパソコンに書き込む。そして完成した商品をメール添付で送り出せば仕事は完成してしまう。しかし、世の中の人たちが作り出す情報の全てが、その人の頭の中にあるとは思えない。

しかし、テレワークが可能だというのだ。可能を通り越して、これが理想的な働き方で、コロナ後も元には戻らないという。それをテレワークを実行しているサラリーマン氏に聞いてみた。

自宅のパソコンはVPN（インターネット上の仮想の専用線）で会社に接続されているのでデータへのアクセスに支障はない。いや、しかし、どんなことをやっているのか。顧客とはZoomやMicrosoft Teamsで打ち合わせをして、会社の同僚や上司ともZoomで打ち合わせをする。ほとんどパソコンで処理し、電話を利用することはなくなった。

しかし、それが可能なのだろうか。身近な法律事務所や税理士事務所の例と突き合わせたら、顧問先との連絡はZoomで行い、資料の交換はサーバーを通して行う。ボスに限らず、職員も自宅で執務を行い、そして訴状が完成し、申告書が完成していく。これがサラリーマン氏には可能だという。

サラリーマン氏との会話で気付いたのは、これを理解する次のような視点だ。会社のパソコンを自宅に持ち帰るのではなく、会社のデスクを自宅に持ち帰ってしまうと考えればよい。サラリーマン氏はデスクの上で仕事を行うが、そのデスクが会社にあるのか、自宅にあるのかの違いがテレワークなのだと思う。そして会議室や同僚との会話はZoomを通して行い、資料はサーバーから手に入れて分析し、それを書面化してサーバーに置く。サラリーマン氏がどんな仕事をしているのか、その内容は知らないが、しかし、会社にいたときと働き方は同じだ。

営業を必要とする場合なら、最初は面談して方針を決め、信頼関係を得る必要があったとしても、その後の詳細はZoomで進められる。仮に、ハウスメーカーが建築を受注した場合なら、2度目からはZoomで建物の詳細を定めていく。相続税の申告業務なら1度目は面談を要するとしても、2度目からはZoomの説明で処理は進められる。顧客側のITの環境が整っていれば業務に支障はない。移動と面談の時間調整をゼロにすることができるのだから効率的だ。

では、税理士が税務調査に立ち会い、弁護士が法廷に出廷して証人尋問を行う。顧客から紙の書類を入手して、それをパソコンに打ち込む。訴状を紙に打ち出して裁判所に郵送する。そのような業務をどのように位置付けるのか。大量の人たちの相談に応じる3月15日の税務署での申告援助もある。それらは現場で仕事をするエッセンシャルワーカーとして位置付けられるのだと思う。私たちも、未来（現在）の働き方をサラリーマンに学ばなければならない。

## 第84　マンション派と戸建て派

マイホームにはマンション派と戸建て派が存在する。これは大都市に限ったことで、地方都市における選択基準は異なると思う。ここでは東京に限定した現状分析としてご理解いただきたい。さて、マイホームはマンションが有利なのか、戸建てが有利なのか。

私は、戸建て派なので、マンションを購入する人たちの気持ちが分からない。管理費を支払い、修繕積立金まで必要になる。戸建ての修繕はキッチンやトイレの便座の取り替えだが、マンションの修繕積立金を戸建てに比較すれば私道部分（廊下やエレベータ）のメンテナンスだろう。マンションの室内のリフォームは各人の負担だ。年金族になってからの管理費と修繕積立金の支払は大変だと思う。

さらには賃貸派も存在する。いま、生活環境が変わる時代だ。サラリーマンには転勤があり、子育ての段階によって必要な部屋数も違ってくる。自宅を購入して多額の住宅ローンを負担してしまったら生活の変化に対応できない。住宅ローンを抱えた自宅マンションを賃貸に出して地方に転勤するサラリーマンは多いと思う。そうであるなら賃貸派が有利だ。テレワークで田舎に移住することも容易で、社宅家賃という税法上の優遇もある。

マンション派に言わせれば、戸建ては、庭の手入れなど面倒ではないか。戸建て派に言わせればマンションの騒音は対処不能ではないか。「結局、知人は住み慣れたわが家を引っ越さざるを得なくなりました」「たかが音。されど音。私たちは隣や上、下に引っ越してくる隣人を選べません」（『マンションの音のトラブルを解決する本』井上勝夫著　あさ出版）

マンション派、戸建て派、賃貸派について、そのように分析して議論してきたのだが、それこそ住んでみなければ答えは出ない。そして、これらは不毛な議論なのだと気付いた。

自宅の選択は、そもそも購買力の問題であり、さらに時間軸の問題なのだ。仮に、賃貸物件なら想定する居住期間は2年、あるいは4年だろう。マンションに居住する人たちは、これが10年、20年ではないのか。戸建てを取得する人たちは、それが二代、三代まで想定する。「実家」というときに賃貸物件を想定する人たちはいないし、マンションを想定する人たちも少ないと思う。私は不動産賃貸業がサイドビジネスで、貸室に20年、30年と居住していただいている方もいるが、それは結果であって、当初から20年間の居住を予定していたとは思えない。

賃貸が有利か、マンション生活が便利か、戸建てが良いのか。そのような議論は無意味なのであって、それは支払能力と、想定する居住期間の違いなのだと思う。いや、しかし、高齢者になったら鍵ひとつで管理できるマンションが良いという意見もある。今回は納得が得られそうもない原稿になってしまった。それにしても人生における3つの重大決意の1つが居宅の取得。3つの住まいを経験した方に語ってもらった方が良いと思う。

## 第85 テレビに出る人たちは美人

テレビに登場した女優さんを「可愛いね」と語ったら、この人は「さんまの娘」だと言われてしまった。母親の遺伝なのか、化粧なのか。私は目が違うのだと思う。いつも他人に見られている芸能人は目の使い方が違う。多様な事象に対してオーバーアクションの感情を示す。それが目の輝きを生む。

大人になると少年の目の輝きが失せてしまう。いや、わざと目の動きを鈍くして、自分の感情を悟られないようにする高齢者は多い。菅総理の感情を出さない目はその典型だ。他人の言葉に反応して動揺を示すようでは総理は務まらない。死んだような目をして、顔が汚い政治家を見かけるが、政治的な駆け引きのために好奇心や驚きを封印した生活の結果なのだと思う。

さて、話は変わるが我が家のアルベルト（犬）。おやつをねだるときの目と、それがもらえると分かった嬉しそうな目は明らかに違う。毛むくじゃらだから顔の表情は判別できない。認識できるのは目の黒目と白目の部分だけで、どこが違うのかは説明できないが、明らかに違う目をしている。アルベルトはブルーマールという犬種で、目が青く、アイコンタクトが容易なので、より強く目の違いを感じるのかもしれない。

私たちは、政治家や、出世して偉くなったサラリーマンと違って目を殺さなくても済む仕事だ。目を殺さない方法、それは、常に、好奇心を失わないことだろう。自分の感情で言葉を語ることだ。

私は、自分の感情で語ることを反省することが多い。きっちりかっちりと法律論を語るのが弁護士だろう。相続の相談があれば、法定相続分を説明し、配偶者の相続税額の軽減を語る。なぜ、それほどの財産が残っているのか、そんなことに興味を示すのははしたない。いや、しかし、それこそが依頼者と会話する醍醐味だろう。

依頼者の人生を見て経験として学ばせてもらう。私は、自分が持っている法律知識を語ることよりも、依頼者の人生から学ばせてもらうことの方が遙かに分量的に多い。相続や事業経営者などの人生には学ぶべきところが多い。依頼者の人生、その家族の人生、それを実感として理解し、自分の人生を位置付ける。他人の人生を背景事情を含めて相続財産まで聞き出せるのは税理士に限る。

昨日の相続の相談には息子が多重債務者だという言葉が登場した。「息子っていくつですか」「50歳です」「そうですよね、息子って聞くと20代を想定するけど、いま、50歳」「独身ですか」「そうですよね、皆さん、独身」。人生にはドラマがあり、そのドラマが見られるのが税理士業。税理士以外の医者、駅員、サラリーマンには視聴禁止のドラマだ。

常に、他人の人生に興味を示し、それを実感として理解し、さらに興味を膨らませて学ぶ。その好奇心が目の若さにつながるのだと思う。サラリーマン氏が60歳で退職する。それは制度の問題ではない。他人の人生に対する好奇心、それらが私たちの人生とは全く違うのだ。美しさと若さを作り出すもの。それが好奇心と、そこから生まれる目の輝きなのだと思う。

## 第86 自分を演じる

樹木希林、大竹しのぶ、それに片岡鶴太郎。この3人が登場するドラマはストーリーが不出来でも引き込まれてしまう。美人でも、美男子でもない俳優なのに不思議だと思う。その理由の一部が分かったような気がする。他の俳優が「役」を演じているのに対し、この3人は「自分」を演じているのだ。

逆に、役を自分に取り込んでいる俳優もいる。「好きな本は何ですか」と聞かれたら「台本」と答える。「役作りはどうしているんですか」と問われたら「まずは、とにかく台詞を体のなかに取り込む。ホンを何度も、何度も、読むんです」と答える（『人生に必要な知恵はすべてホンから学んだ』草刈正雄著　朝日新書）。ここに言うホンは台本だ。

役が本人に同化する。逆に本人が役に同化する。それが見応えのあるドラマを作り出す。そうでない人たちは、ただ、「役を演じている」。殺される役回りならもっともらしく殺され、医者という役回りならもっともらしく医者を演じる。その役回りの演じ方の深さが名優なのだと思う。樹木希林、大竹しのぶ、それに片岡鶴太郎は役を自分自身までに引き込み、草刈正雄は自分を役にまで引き込む。

これは役者の場合に限らない。税理士は、それが「役」であることに気付かずに税理士を演じ、弁護士は、それが「役」であることに気付かずに弁護士を演じている。仮に、弁護士が訴訟による解決をアドバイスする。しかし、自分の事柄では、ほとんどの弁護士は訴訟という選択肢を選ばない。身内にも訴訟はアドバイスしないと思う。それなのに依頼者には訴訟による解決を提案する。

弁護士としての「役」を演じるのであれば訴訟を起こすのが正しい。それが弁護士の存在価値であり、正義は実行されるべきであって、権利は守られるべきだ。仮に、20％の勝訴率であっても訴訟で戦うことが正しい。しかし、他人の人生を決まり切った「役」で演じてしまって良いのだろうか。訴訟という非日常のストレス、相手方から受け取る攻撃的な書面、敗訴（自身の主張が裁判所によって否定される）の心の痛みに思考が及ばないのか。そこで疑問を感じて立ち止まる。それが自分を演じることであり、依頼者の人生を自分に取り込むことなのだと思う。

税理士の場合も同様だ。多様な節税策を提案して依頼者の財産を保全する。それが税法知識の存在意義であり、税理士の優秀さを示す。しかし、仮に税理士が依頼者の3分の1でも財産を持っていたとしたら、自分自身に対してもそのような節税策を提案するだろうか。

試験制度も、専門書籍も、講演会も、専門家としての「役」に必要な知識を流し込む。しかし、必要なのは役（知識）を自分の人生に取り込み、逆に、自分の人生を役（知識）にまで昇華することによる「自分」としての判断基準の確立だ。そうすれば必要なのは税法の知識でも、民法の知識でもなく、深く、自分の人生を洞察する自分自身としての生き方であることが分かるはずだ。自分自身の生き方を語れない弁護士や税理士が法律や税法の知識を振り回すほど危険なことはない。舞台の上で大げさに役を演じる旅芸人になってしまう。

## 第87 バーチャルな世界、リアルな世界

Amazonさえあれば書店は不要。それがコロナ前の社会の流れだった。地方の書店は次々に閉店していった。地方に住む税理士は、どこで専門書を手にしているのか不思議に思う。そして、コロナ禍は、さらに、その勢いを強めた。

私は、コロナ以前には大型書店には月に1度、エキナカ書店には週に1度は通っていたと思うが、この1年、書店に通っていない。他人が手に取った本に触ることに躊躇する時代だ。しかし、そのように1年を過ごし、私の読書量は激減していることに気付いた。コロナ関連の書籍の出版数は増えたが、それ以外の書籍の出版数が減ってしまったことと、書店からの新刊書籍の情報が得られなかったことが理由だ。

これはバーチャルな世界と、リアルな世界の違いなのだと思う。Amazonというバーチャルな世界は完成しているが、書店というリアルな世界は機能不全だ。『相続の話をしよう』（財経詳報社）という一冊を今年の1月に出版したが、その売れ行きもコロナ前に比較して低調だ。書店に行くこともなく、同業者がリアルに顔を合わせて情報交換することもなく、新しいテーマを取り上げた講演会が開催されることもないのだから出版情報が読者層に伝わることもない。

いま、テレワークやZoomを利用した働き方の話題で盛りだくさんだ。弁護士業界ではMicrosoft Teams

を利用したテレワーク裁判が実行されている。法廷という舞台、法服を着て壇上に座る裁判官という権威、私の事件の順番になってそこで弁論をするという緊張感。そのようなリアルな舞台が消滅し、私の事務所のパソコン画面にスーツを着た裁判官が登場する。

企業が行うテレワークも元には戻らないと論じられる。しかし、コロナ禍の1年、新しい商品、新しいCM、新しく登場したアイドルを見かけない。新しいモノを作り出すためにはリアルが必要なのだと思う。気付き、アイデア、後輩の教育などに大いに支障が生じているはずだ。テレワークは現状を維持し、あるいは現状を先送りする限度でしか機能しない。私自身も、いま現状を維持するだけで精一杯だ。

大学、特に、実験などの必要性がなく、教授が一方的に語るだけの文系大学の講義はZoomで充分だと思う。しかし、放送大学があればリアルな大学は不要だとは誰も言わない。多くの学生にとって大学生活とは言えない空白の1年になってしまったと思う。教授との縦の接続は可能でも、学生間の横の接続は不十分だ。記憶に残る講義は少ないが、卒業後も付き合いが続く友人は多い。同じ年度に、同じ大学に入学した。そのような連帯感を持った横の付き合いこそが大学生活なのだと思う。

いま多様な技術で騒いでいるが、これは「Amazonがあれば書店は不要」。そのように語っているのに等しい。しかし、書店に積み上げた新刊書があり、話題になる新作の映画があり、日々、新しいニュースを掘り起こす新聞があるからこそ、Amazonがあり、ネットで見る映画があり、iphoneのニュースサイトがある。実体（リアル）があるからこそバーチャルがある。バーチャルがあればリアルは不要とは言わない。

# 第88　喜捨の勧め

お世話になった友人のお嬢さんにマンションを遺贈したい。大成功した事業家が作成する遺言書だ。素晴らしい人生だと思うし、そのような遺言書が書けたら楽しいと思う。他人を羨むだけではなく、まず隗より始めよ。いや、しかし、子供たちが自立し、自分たち夫婦の老後に充分に足りる財産を持っているつもりなのだけれども、私自身がそのような行動をするのは難しい。宗教観の違いなのだろうか。

イスラム教の重要な教えが「喜捨」だ。「『旦那さま、喜捨を。三日も物を食べていない哀れな人間に喜捨をお願いします』。気が付いた運転手が引き返してきて、罵声を浴びせかけて乞食を追いはらおうとした。アーメイド・アリ・ハリファは手を振り上げて運転手を制した。彼は忠実なモスレムで、常に、コーランの教えを順守しようと努力している。人はできるだけ気前よく喜捨を行うべきというのも教えのひとつなのだ」。これはミステリー作家であるフレデリック・フォーサイスが『神の拳』（角川書店）の中で述べるイスラム教の思想だ。持つ者が、持たない者に対して喜捨をする。それが持つ者の喜びになる。

弱いモノを救済する。これはユダヤ教の思想にもある。「あなたがたの土地の収穫を刈り入れるときは、畑の隅々まで刈ってはならない。あなたの収穫の落ち穂を集めてはならない。またあなたのぶどう畑の実を取り尽くしてはならない。あなたのぶどう畑の落ちた実を集めてはならない。貧しい者と在留異国人のために、それらを残しておかなければならない。わたしはあなたがたの神、主である」。これは旧約聖書のレビ記に書かれた寡婦と孤児のための思想だ。

犬の散歩の途中で見かけるホームレスの人たち。あの人たちへのたった２０００円の喜捨が温かい食べ物に替わる。ポケットに現金を入れて散歩をすることを考えたこともあるが、喜捨という文化のない世界。恵むという行為が彼らの人格を否定するような気がして実行し難い。

コロナ禍で貧困格差が拡大している。「19歳ひとり親『ご飯ない』」。こんな見出しの新聞記事に、これまで経験したことのないほど多くの読者からの反響があった（朝日新聞令和3年4月1日朝刊）。「支援をしたいから19歳のママの連絡先か支援団体を教えて」「19歳の女性には匿名で渡してください。返信不要」。記者の職場に直接、手紙や現金書留、食料の入った段ボール箱が配送された。世の中は善意でできているのだが、それが社会的な制度にまで高められていない。

ユダヤ教、キリスト教、イスラム教という一神教の世界。寛容性のない宗教として日本での評判はよろしくない。しかし、世界の多くの人たちが唯一の創り主を信じ、イスラム教は信者を増やし続ける。そこには衰退し続ける日本の葬式仏教とは異なる魅力があるのだと思う。それが弱者を認める世界観ではないだろうか。殺すなかれ、盗むなかれ、姦淫するなかれ、偽証するなかれ。そのような道徳律を４５００年前に構築した宗教。一神教の世界には日本人にはたどり着けない高みがある。彼らの思想にたどり着くのにはさらに何千年を要するのだろう。

## 第89 揚げ足を取るのが弁護士の仕事

税法業界に40年のキャリアがあって、いつも、税法の議論をしているのが私の生活だ。だから多くの税法の設問は黙って座ればピタリと当たる。しかし、そこに民法が登場し、民事紛争が登場すると結論が見えなくなってしまう。

知識不足か、経験不足なのか。ベテラン弁護士なら疑問もなく結果を予測できるはずだ。しかし、それは違うのだと思う。弁護士は誰であっても訴訟の勝敗は予測できない。

税法は理屈であり、実務であり、通達であり、その制度の立法趣旨であって、理屈を理解すれば結論を断言することができるし、その正しさを理屈で説明することもできる。しかし、民事事件、さらに弁護士が登場した民事紛争は理屈の世界ではない。

仮に、遺留分侵害額の請求事案を想定すると、この贈与が遺留分を侵害することになるのか。そのような事案について相談を受けた場合には、それが遺留分侵害額の請求権者の立場なら「遺留分を侵害する」という訴状が書けるし、逆に、受遺者の立場なら「遺留分は侵害しない」という答弁書が書ける。

裁判手続に登場する訴状と答弁書を端的に定義してしまえば「双方の揚げ足取り」なのだから、どのような事案であっても、訴状を書く程度には揚げ足が取れるし、答弁書（反論）を書く程度には揚げ足が取れる。

ここまで原稿を書き進めたところで昔に読んだ逸話を思い出した。暴力団事務所で若い組員がテレビを見て笑っていた。そこに組長がやってきて「お前ら、テレビを見て笑ってないで、文句をつけるところを探すんだ」と叱ったという逸話だ。

私たちは「揚げ足取り」などをしない平和な村に住んでいる。しかし、弁護士が登場したときには場面は入れ替わる。相続事案などで弁護士が登場することがあったら、そこで場面が入れ替わったことを認識しないと紛争に巻き込まれてしまう。揚げ足をとられるような処理をしていないだろうか。そのような視点で自分の仕事をふり返ったときに、確信をもって、自分は大丈夫だと言える者は存在しないと思う。

弁護士に悪意があるわけではない。仮に、揚げ足取りに近い主張であっても、依頼者の主張を作り上げるのが弁護士の役割だ。無罪の可能性があれば「被告人は無罪」と弁論し、請求が認められない可能性があれば「請求は棄却する」という答弁書を作成する。ゴーン会長の弁護人の主張は、もちろん「無罪」だ。被告人に罪を認めさせるのは検察官と牧師の仕事であって、無罪を主張する被告人を目一杯に弁護し、原告が請求する債権の弁済を免れさせるのが弁護士の仕事だ。

そして弁護士は、自分自身で構築した主張（揚げ足取り）に拘束されてしまう。自分が構築した主張を否定できるほどの客観的な視点は誰も持ち合わせてはいない。それが弁護士から客観性を失わせて結果が予測できない弁護士を作り出す。悪意でも、弁護士が無能なのでもない。それが弁護士の仕事なのだ。弁護士の主張は「揚げ足取り」。そのキーワードを忘れないでほしいと思う。

## 第90 誰も聞いてくれない

「私が父親なら引っぱたいてでもやめさせる」。そのようにアドバイスをしたのだが、彼は実行し、結局は、外国の刑務所に入ってしまった。「政治家との付き合いもなく、政治力のない者がゴルフ場の開発に手を出すことは間違い」。そのようにアドバイスをしたのだが、実行し、結局、本業まで倒産させてしまった。

建築業者から、賃貸物件の建て替えを持ちかけられて、その気になっている相談者もいる。賃料収入で建築費を回収するのに18年。予定通りの賃料が確保できる保証はなく、空き室が生じるようになれば回収期間はさらに延びる。カボチャの馬車やレオパレス物件に投資して貧困と失意の下に人生を終える人たちもいる。それが20分の1の可能性でも、豊かな人生を賭ける価値のある判断とは思えない。今の物件を売却して悠悠自適に生活するのが良い。そのようにアドバイスをしているが、おそらく、彼は業者の提案に乗ってしまうだろう。結局、誰も、私のアドバイスは聞いてくれない。

なぜ、アドバイスを聞き入れてくれないのだろう。いや、私のアドバイスが常に正しいとは考えていない。常に、自問自答し、揺れ動いているのが現実だ。しかし、多くの事案は、判断に悩むような問題として持ち込まれるのではなく、判断の余地なくダメな事案が多い。そのような事案について厳しく反対するのは専門家の義務だろう。しかし、誰も聞いてくれないのだ。

いや、おそらく、それは違うのだ。私のアドバイスを聞くまでもなく、正しい処理をする人たちが大部分だ。さらに、私のアドバイスを、雑談として聞き入れ、事件を起こさなかった人たちは、私の印象にも残らない。だから、日々、私が、不毛なアドバイスを続けることにも少しは意味があるのだと思う。

思い込みが激しいのが経営者の才能だとしても、それを反対意見で検証する身近な相談相手は経営者の妻と税理士しかいない。似たもの夫婦というが、おそらく似たもの税理士も存在するのだろう。極端な節税策を提案する税理士の先には、税法などはテクニックでどうにでもなると考えている納税者がいる。夫婦が似たものになれない場合は離婚し、税理士が似たものになれない場合は関与するのが辛くなる。お互いに価値観を共通にするための努力を続けなければならない。

そして依頼者へのアドバイスにも増して、私は、自分自身に対してもアドバイスを続けなければならない。さて、私が他人に語るアドバイスは、自分自身にも語れるアドバイスだろうか。そこにやっかみや、自惚れ、思い込みは存在しないだろうか。他人と自分の人生に責任を取れるアドバイスだろうか。その自問自答は、他人に対するアドバイスをしながら、自分の人生へのアドバイスでもある。二枚舌になってしまったら正義も理屈も存在しない。さて、私は、失敗しない人生を送れるだろうか。全ては自分の判断の結果なのだから、失敗すれば、結果だけではなく、原因までも受け入れなければならない。それが日々自問自答する自分自身へのアドバイスだ。

# 第91　40年前の世界

40年前の世界、いや、紀元前ではなく、ほんの少しの昔なのだが、まさに恐竜が歩き回るアナログの世界が出現する。税理士事務所は、会社が作成した振替伝票からつけペンで元帳に記帳し、1ヶ月分毎に借方と貸方の合計額を合わせるのが仕事だった。借方と貸方の合計額が合わない場合はその原因を探さなければならない。差額が9で割れる場合は桁間違いの可能性がある。そして完成した決算書を基に別表を手書きで作成する。

弁護士は手書きで書面を作成し、それを和文タイプライターで清書していた。和紙を重ねてカーボン紙を挟み込み複数枚の書面を作成する。和文タイプでは裏文字になっている活字を探すのだから大変だ。職員を雇用しても和文タイプライターが打てるようになるまでに3ヶ月ほどかかる。今のパソコン時代と比較すれば、法律事務所の職員も職人芸の世界だった。

その頃にNECからPC-8001というパソコンが売り出された。プリンターは高価で手に入らず、ディスプレイは箱形でモノクロだった。記憶装置にはカセットテープが利用された。ワープロとオフコンが出現し、それがパソコンに統一され、現在のオフィス環境が完成したのが20年前だろうか。漫画家さえも予想しなかった携帯電話が出現し、それがネットに接続するスマホになっている。

その後の20年間で書面を郵便で送る文化は消滅してしまった。山手線の中でマンガ週刊誌を読んでいた若者は、いまスマホを見ている。都内なら現金を持ち歩かずに生活できる。懲役20年の実刑判決を受けていた被告人は、この距離をワープして現代にたどり着くことになる。

さらにAI、IT、ディープラーニングと騒ぐ時代が出現し、そしてコロナが出現した。3密防止のためのテレワークが推奨され、働き方は元には戻らないと語る。終身雇用、年功序列の社会が消滅しつつあり、それが加速化することは確かだろう。いや、しかし、ネット環境が存在しない20年前にコロナが出現したらどうなっていたのだろう。

さて、今から20年後に、私たちの業界には、どのような世界が出現するのか。税理士、弁護士は残っているのだろうか。そんな時代でも、弁護士は、当事者の主張を書面で作成し、裁判所で証人尋問手続を行うのだろうか。納税者は取引を記帳し、それを税理士が引き取って税務申告書を作成するのだろうか。それはあり得ないと思う。今後20年で世界は過去40年分の変化を生じさせるはずだ。

現金決済が消滅し、タンス預金にしか利用されなくなった紙幣。全ての決済はデジタル情報になって記帳という作業はなくなる。税理士が顧客にする層は、それらに対応できない零細以下の企業に限られる。コロナ禍の時代、投資家のバフェット氏は「10年かかる変化が1年で起きている」と語ったそうだ（日本経済新聞令和3年5月15日朝刊）。この業界で、さらに20年以上の生活が必要な人たち。素晴らしく進化した面白い社会で生活するのか、税理士バッジを付けたウーバーイーツの配達員になるのか。それを決めるのは今日の改革だ。

# 第92 オンライン診療

令和2年12月7日の日本経済新聞の朝刊に「侮れぬ『ご対面！』の効用」としてオンライン診療のアンケート結果が紹介されていた。

とても相談しやすい（12・3%）、やや相談しやすい（9・2%）、対面診療と変わらない（58・4%）、やや相談しづらい（18・4%）、とても相談しづらい（1・7%）。

私が患者だったら「とても相談しやすい」だろう。熱が出た、頭が痛い、そんなときにネットに接続して医者の診察が受けられれば気楽だ。しかし、答える医者の方は100%の正確性を確保し、患者自身でさえ認識していない疾病も発見する必要がある。ただの発熱なのか、死に至る病の前兆なのか。糖尿病などの経過観察の患者ならともかく、それ以外の患者についてのオンライン診療には専門家としてのリスクがある。それが患者やマスコミが考えるオンライン診療と、医者が考えるオンライン診療の違いだ。

私は、常に、メールでの相談に応じている。私が付き合う人たちは専門家が多い。それがメール相談を可能にする理由だ。これが一般素人からの相談だったら、相談者の個性、理解力、生活歴などの背景事情が分からずに答えなければならない。説明した言葉を切り取られてしまう危険もある。相続を放棄するのなら預金には手を付けられないとアドバイスしたら、相続放棄の前であれば預金の引き出しが許されると勘違いした相談者がいた。いや、当然の勘違いだと反省しなければならない。

さて、話は変わるが、いま、契約書のチェックの依頼を受けている。これが難儀なのだ。一般の人たちにしたら契約書のチェックこそが弁護士の仕事だろう。しかし、弁護士にすれば、これこそがオンライン診療だ。交渉の現場に立ち会うわけでもなく、契約の対象になる物件を見ることもなく、契約の相手方にも面談しないので取引相手の個性も信用度も知ることができない。

契約書に表現されていない項目こそが重用なのだが、書かれていないことにまで想像力を広げるには限界がある。そして相手の信用度によって契約文言の意味は異なってくる。信用度の高い契約者に詳細な文言は失礼だし、信用度の低い契約者には疑心暗鬼に近い文言まで必要になる。

そもそも契約書などは不要なのだ。私のサイドビジネスは貸室賃貸業だが、新規の入居者と契約するときに神経質になるのは、その方の背景事情だ。18歳、学生と言われれば安心だが、48歳、独身と言われたら、どのような背景なのかが気になる。その辺りは神経質に吟味するが、仲介業者が送ってきた契約書などは読んだこともない。契約書で拘束する必要がある者と取引するのは危険だ。

必要なのは当事者の個性、信用、意図などの背景事情だが、オンライン診療では、それらがないまま診察をしなければならない。コロナ禍の時代、ネットの時代、テレワークの時代には、オンラインの時代と便利さだけが強調されるが、それはAIやディープラーニングで専門家が不要になると騒いだ3年前の空気に似ている。必要なのは当事者の個性などの背景事情であって、それは恋愛の場合も、医療や、法律相談の場合も変わらない。

# 第93 テレワークは働き方を変える

テレワークを実行するのなら税理士事務所こそ理想的な職場ではないのか。会社の会計資料をワンセットで自宅に持ち帰り、相続関係資料をワンセットで自宅に持ち帰る。そうすれば仕事は自宅で完成してしまう。他の会社に比較し、税理士こそがテレワーク。そのように考えていたが、それは違うのだ。

テレワークとは、ネット環境の問題でも、パソコンの問題でもなく、紙を全く使わないシステム。納品書、請求書、見積書、契約書などが存在すれば、それを保存し、郵送する手間が掛かる。自宅で利用するのは機能が制限されたシンクライアントのパソコンであって、プリンターも、スキャナーも接続できない。自宅には秘密保持のシステムが存在しないので証憑類を保存することは許されない。

税理士事務所が、書類を自宅に持ち帰り、自宅で会計ソフトに入力するのは、あくまでも疑似テレワークに過ぎない。自分の机の上に1枚でも紙があり、自分専用の保存庫が必要であればテレワークは不可能だ。大量の紙の資料を証拠として、有斐閣の注釈民法を参考書として機能する法律事務所も、もちろんテレワークには不向きだ。紙の資料をPDF化するのは無駄だし、PDF化する要員を必要としてしまう。

10年ほど前からフリーアドレスを採用した企業があった。事務所スペースの節約が目的で、デスクに各人別の陣地を作らせず、担当者の働く場所を代替可能にした。担当者には小さなロッカーが与えられ、机の上に個人的な資料を積み上げることを禁止した。

そしてコロナ禍で、会社内限定のフリーアドレスが、働く場所を問わないテレワークとして完成した。ネット環境さえ存在すれば、フリーアドレスで仕事をするのも、自宅で仕事をするのも差異はない。従前は8時間の拘束時間が給与の源泉だった。いま、テレワークになっても時間的な拘束があるが、それがフレックスタイムになり、最後にはノルマを求められるジョブ型の評価になる。

満員電車での遠距離通勤こそがサラリーマンの仕事。それがなくなり、サラリーマンが、税理士や、弁護士より自由な職業になってしまうのか。税理士や、弁護士は自由業に分類されるが、それは実態を伴わない名目だけになってしまう。給与所得の要件である時間的と場所的、指揮命令的な拘束がなくなり、上司や部下との間のストレスもなくなる。

そしてサラリーマンは二極化する、いや、三極化するのだと思う。①完全なテレワークが可能な人たち、②一部はテレワークに移行する人たち、③テレワークは不可能な人たち。サラリーマンや公務員でも③にとどまる人たちは多いと思う。

裁判所の人たち、税務署の人たち、区役所の人たちがテレワークをする姿は思い浮かばない。さらに、テレワークで働く人たちが平社員から係長になり、課長になり、次長になる。そのイメージも掴み難い。どのように仕事の仕方が変わっていくのだろう。コロナは死に至るウイルスではなく、働き方を変えるウイルスだったのだと思う。

## 第94 会計基準は錬金術

昭和の時代、上場会社の経営者は、事業で失敗すると含み益のある投資有価証券を売却して欠損を補填していた。どんな失敗をしても常に利益を計上する日本企業。それが不公平だと問題になって時価主義会計が導入された。いま時価主義会計は当たり前の会計基準だが、当初に導入された時価主義とは趣旨が異なっている。借方の資産の時価を言うのではなく、企業買収について交付した株式（貸方）の時価を言うようになったからだ。

日産自動車のゴーン会長が、資産に多額の含み益を持つ下請け会社を探して合併を持ちかける。そして日産自動車の株式を発行して合併するが、取得原価主義が許されるのなら、日産自動車は被合併会社が所有する土地を簿価100億円で受け入れることが可能になってしまう。合併後に土地を売却して900億円の利益を計上すれば、日産自動車の利益として計上され、ゴーン会長にも利益見合いの報酬が支払われる。

ゴーン氏の目論見を禁止するのが借方（資産）の時価主義で、日産自動車が消滅会社の株主に交付した株式の時価（市場価額）を基準にするのが貸方（資本の部）の時価主義だ。そして交付した合併対価が1200億円だった場合には、取得した資産の時価1000億円との差額200億円が「のれん」として借方に計上される。

「のれん」の計上を認める時価主義会計を理由に法人税法62条の8が改正され、借方の差額を「資産調整勘定」として計上して60ヶ月で償却する。貸方に差額が生じた場合、つまり、受け入れた資産の時価1000億円に対して発行した株式の時価が900億円の場合は「負債調整勘定」が計上され60ヶ月に分割しての利益計上が求められる。しかし、国際会計基準では借方の「のれん」は償却不要だ。

会計数字を正確に表現する目的で導入された「のれん」だが、いま、M&Aという錬金術に利用されている。それが「すかいらーく株　戻り鈍く」と題する令和3年4月17日付の日本経済新聞朝刊だ。すかいらーくが借方に計上する「のれんは1460億円で総資産の3割強を占め」「すかいらーくを買い取る際にプレミアムを付けたことが今も尾を引いている」。

銀行から借金し、その資金で事業会社をMBOしてしまう。その後に持株会社と事業会社を合併し、借入金を事業会社に付け替えてしまう。そしてプレミアム部分を「のれん」として資産計上する。そのような錬金術のツケがいま現実化しているのだ。

私が会計を学習したときは取得原価主義が唯一の会計理論だった。そして今でも取得原価主義を超える会計理論（正義）は存在しないと思う。私は、自分で取得した資産も、自分の人生も、全て取得原価主義だ。仮に取得した賃貸物件が値上がりしても架空の利益であって、現実の利益は毎月に入ってくる賃料収入だ。仮に、税理士資格を得たからといって舞い上がらない。その資格で稼いでこその所得だ。私たちには理解不能の時価主義会計だが、これが単なる錬金術だと考えれば会計理論を振り回す人たちの幼さが見えてくる。

# 第95 株を買うバカ

株を買う人たちは「僕はバカです」と同義語。そのように語っているのだから、株式投資についての私の認識にはバイアスが掛かっている。私は株式投資をやったことがない。私の周りには株式投資で儲けた人たちは山のようにいるが、株式投資で財産を築いた者は1人もいない。

いま株価が上昇し、そして株価が下がった。この原稿を書いている現時点での世界の株価の状況だ。株価下落の理由は世界的な金利上昇が原因だそうだ。それなら世界の株価が一斉に反転することも理解できる。しかし、それは本当だろうか。

これがビットコインなら説明が可能だ。1つの商品であって、商品としての個性はなく、金利など他の要素との比較で値段が付く。金利が上がればビットコインの価額は下がる。しかし、株式は1つの商品ではなく、ニューヨークダウも日経平均も何百社の総和だ。株式市場自体は何千株の総和で完成しているが、その全ての株価が真っ黒（値下がり）の様相を示している。

株価の動きはカジキに襲われたイワシの群れが一斉に反転するのに似ている。一斉に動くためには情報の伝達が必要だが、イワシの全てにカジキが見えているわけではない。しかし、風にそよぐススキの穂のように一斉に同じ方向にたなびく。

これが株式投資の場合なら、仮にトヨタ自動車の株主にはどうやって情報が伝わるのだろう。トヨタ自動車の企業業績を見ていてもダメ、日本経済新聞を読んでいてもダメ、日本の金利を見ていてもダメ。日本の株式市場で取引する人たちの60％から70％は外国人投資家であって、彼らはドル表示された日経平均を見ているのだろう。彼らの投資収益はドルで計算される。

おそらく投資家は株価を見ているのだと思う。そして株価が動けば、株価が動く。イワシがカジキを見て騒ぐのではなく、騒ぐイワシを見て騒ぐのに似ている。つまり、値上がりしたから買い、買ったから値上がりする。逆に、値下がりしたから売り、売ったから値下がりする。

株価の理由をもっともらしく論じる。そのような「もっともらしい嘘」で成り立つのが株式市場だ。株価下落の理由は「世界的な金利上昇」が原因だという「もっともらしい嘘」。

そして、いま現在の日経平均が妥当である根拠は存在しない。株価に正常値というモノがあるとしたら、正常値の3倍なのか、3分の1なのかは誰にも証明できない。正常な株価が存在しないからこそ、株価は自由に空が飛べる。値上がりし、値下がりするからこそ株式に投資される。企業成績などはどうでもよいことであって、新製品の開発などは話題としての株価要素に過ぎない。

ボラティリティ（値上がりと値下がりの変動の度合い）こそが株式投資の存在理由だ。そして過去の株価（ケイ線）が見えることから、将来の株価も見えると勘違いしてしまう。なぜ、イワシの動きにカネをかけ、ススキの穂の動きにカネをかける人たちがいるのか。それが私が株を買う人たちは「僕はバカです」と同義語だと断ずる理由だ。ぜひ、株式投資にカネを賭け、関根理論を否定していただきたいと思う。

# 第96 政府を信頼する

システムの構築に多額の費用を投入して導入したマイナンバー制度。それがいつになっても機能しない。その理由はプライバシーを理由に個人番号を秘密情報にしたボタンの掛け間違いにある。そのことを令和3年4月17日の日本経済新聞朝刊の「大機小機」が「デジタル庁に期待する」と解説する。

「個人番号は、国民全員に付与されたIT上の名前だ。個人の名前が秘密でないのと同じように、個人番号も秘密とは考えられていない」。それが世界のデジタル化なのだが「日本では、マイナンバーは人に知られてはいけない秘密と考えられている」。

つまりは、「関根稔」という個人情報を秘密にして「　　　」にしたのが日本のマイナンバー制度だ。いま、日本の個人番号は面倒なだけの存在だ。源泉徴収などの税務処理の段階では個人番号の記入が要求されるが、それは秘匿しなければならない。

政府のシステムは優秀な専門家によって運営されていると私たちは信じている。政府を信頼するという歴史は江戸時代に構築された日本人のDNAなのだと思う。265年について戦争がないばかりか、対外戦力（軍隊）も持たない日本。無駄な支出がないのだから豊かにならないはずはない。政（まつりごと）は徳川様に任せておけばよい。

そのDNAは江戸時代を超えて承継されている。太平洋戦争でアメリカとの戦いに勝つためには首都ワシントンの陥落が必要だが、ワシントンが攻め落とせると思っていた日本人はいないと思う。そうであっても国の決定を信頼するというDNAが揺らぐことはなかった。

しかし、政は徳川様に任せておけばよいのか。仮に、接触確認アプリのCOCOAの不始末だ。コロナの感染者を追跡する緊急重要な手段として導入されたシステムが、導入の当初から機能していなかった。機能していないことが明らかになった後にも対策が取られなかった。そのことについて責任を取るべき者が誰も登場しない。

いま、デジタル庁などと言っているが、その人たちにデジタルの意味が分かっているのだろうか。多様な情報が政府からPDFの形で提供されるが、そこからデジタル情報（テキスト）を抜き出そうとしても書式が崩れ、機種依存文字が文字化けしてしまう。印鑑の廃止も同様だ。電子申請の場合は便利だとしても、紙で提出する書類の印鑑を省略しても意味はない。原稿と正本の違いが分からなくなってしまう。コロナ対策でも、人口比では米国の25分の1という死者しか発生していないのに医療崩壊を起こす日本の医療制度は改善されない。既に1年も経過するのに会食を制限する以上の具体的な知見は何も語られない。

徳川様に任せる。そのDNAが政府の「言葉対策」に素直に応じる国民を作り出し、コロナの蔓延を防いできた。しかし、総理も知事もウイルスには無力なのであって、空襲警報（緊急事態宣言）を鳴らす以上の対策はとれない。いや、しかし、既に1年、国民は多くを学んでいる。全てを国に任せず、私たちが自分で判断すべきなのだと思う。徳川様の時代に収得した政府を信頼するというDNAは、コロナに対する免疫としては効果がないような気がする。

# 第97　インフレの時代

安倍前総理と黒田日銀総裁が実行してきたリフレ政策とコロナによる過剰流動性の提供。それによって政府が背負う多額の債務。この結末はインフレだろうか。コロナ後にはインフレが発生して通貨の価値は急落してしまう。いま「価値があるのは手元の現金」と語っている私の理解が否定される時代が到来するのだろうか。いや、それはあり得ない。

インフレとは、借金をして、いま商品を購入する方が、来月に購入するよりも有利という経済取引。つまり、借金の増加（金利の上昇）なのだが、企業を含め、誰もが手元に多額の現金を持つ時代。マイナス金利政策まで実行して日銀が資金を提供しても、政府（国債の発行）の他には、誰もカネを借りない時代。わざわざ金利を上げなくても銀行は預金を集めることができる時代。

インフレとは地価の上昇なのだが、インバウンド需要、オリンピック需要、円安需要が消滅し、テレワークでオフィスが不要になる時代。仮に、過剰流動性の行く先として一部地域に地価上昇が生じても、それは希少性のある都心の地価であって、それを取り巻く地域や地方にまで波及することはあり得ない。

土地の含み益（値上がり益）に価値があるという発想が消えてしまったバブル崩壊以降、含み益を目当てに土地投資をする者は存在しない。そして家賃は実経済を無視しては上がらない。日本は国土が狭いので地価上昇は避けられないという思い込みで成り立っていた昭和の時代はバブル崩壊と共に終わった。逆に、鉄道新線、地下商店街、オフィスの高層化などによって都内の土地の供給が続いている。

インフレとは、消費者物価指数の上昇なのだが、サラリーマンの制服であるスーツ、腕時計などは安価に供給され、パソコンやテレビなども低価格化が続く。これら商品の機能を、昭和の時代と比較したら、おそらく3分の1の値段、いや、10分の1の値段だろう。いま商品という形で東南アジアの安価な労働力が輸入される時代。大量の商品が100円ショップで買える時代だ。そしてスマホでは百科事典、時刻表、地図帳などが無料で利用できて、メールや電話までが定額で利用できてしまう。

資源の不足と限界コストの上昇がインフレなのだが、いま限界コストがゼロの社会が実現している。Googleで検索される情報は利用者が増えてもコストは増えない。インフレとは人口の増加、需要の増加なのだが、いま人口は増えず、需要も増えない。

低開発国の人口増加によって食糧危機は発生するのか。このことについては『食糧と人類』（ルース・ドフリース著　日経ビジネス人文庫）が面白い。「現在わたしたちが直面している問題はこの食糧不足によるものではなく、飽食が原因だ」。食糧増産の歴史と技術の進歩は早く、マルサスが予想した「人口論」の時代が到来することはない。

貧しい時代、モノが不足する時代、人口が増加する時代、蓄えのない時代の歴史的な産物がインフレであって、マルサスの人口論や、マルクスの労働価値説と同様に、既に、経済史の範疇。いま、価値がある資産は「手元の現金」。その考え方が否定されることはない。

## 第98 地価が見えない

インバウンド需要、オリンピック需要、円安需要で上昇していた地価。その全てがコロナでなくなってしまった。地価暴落と予想していたが、公示価額の変動幅は小さい。

「山野楽器で比べてみると、2011年には1平米2760万円であったのに対し、現在は5360万円と、実に10年間でほぼ倍に跳ね上がっていることが分かる」「コロナ禍によって地価は下落傾向を見せているとはいえ、そもそも10年前からは考えられないほどの水準にある」（納税通信　第3670号）

コロナ禍の地価も見えないし、コロナ後の地価も見えない。その理由は地価の地域差にあるのではないだろうか。

田中角栄バブルは住宅地の地価上昇だった。日本は国土が狭いので地価上昇は当然という認識のもとに、都心のサラリーマンの通勤距離は片道2時間まで延びていった。中曽根バブルは商業地の地価上昇だった。都内のオフィスが大量に不足するという国土庁の発表と、内需拡大、東京23区を売ればアメリカ全土が買えるといわれた時代が到来した。そしてバブルが崩壊した。

その後の20年は地価が下がり続ける時代だった。地価が下がったからこそサラリーマンの通勤距離が短くなり、都心型生活圏の需要が増え、容積率の拡大などの政策で都心に50階建ての高層マンションが建築される時代が到来した。それでも私の認識では地価は下がり続ける時代だった。

前掲の『納税通信』も次のように解説する。全国で最高価格がもっとも低かった県庁所在地は鳥取市で鳥取駅前の雑居ビルの公示価額は1㎡当たり13万1000円で、銀座山野楽器本店の409分の1だ。「県内最高地価ですら50万円を超えない自治体が約半数を占めるなかで、いかに東京やその他の一部地方都市のデータに数字が引っ張られているかが分かるだろう」

新聞で見る地価は「全国平均」なのだ。これは所得3億円と200万円の人たちを平均した数字と似ている。平均が上がった、下がったと報道するのが新聞記事であって、私たちが生活実感で考える社会とは異なる。

コロナ禍の地価、コロナ後の地価について外資を理由にする人たちがいるが、それは違うと思う。外資もわざわざ高い値段では買わない。さらに日本人の購買数1000に対して、中国人の購買数は3に過ぎない。日本の山林を中国人が爆買いしているというニュースがあったが、それは太平洋の水を中国人が爆飲みするのと同じで、とても飲みきれない。日本は国土が狭いという神話が、まだ、日本人の中に染みついているだけだ。

そこで地価を論じれば、東京駅から10分の土地はダイヤモンドの希少性と同じで値段は下がらない。東京駅から片道20分の通勤圏内にあって40階建てのマンションが建築できる土地にも価値がある。30分の通勤圏内の戸建住宅地の地価も下げ止まりする。しかし、そのような特殊な土地の情報には、情報としての価値がない。そして地価は下がり続ける。コロナ禍で傷んだ経済、財政赤字、減り続ける人口など、地価が上がる理由は1つもない。

# 第99 やめられない国

何かを実行して歴史に名を残した人物は多い。天下統一を夢見た織田信長、それを果たした豊臣秀吉。そして江戸幕府を開いて265年の泰平の世を築いた徳川家康。権力者が造り、歴史に残った遺物も多い。ピラミッド、万里の長城、ヴェルサイユ宮殿。いや、しかし、何かをやめて歴史に名を残した人物は少ない。私の知る限りでは遣唐使を廃止した菅原道真だろうか。

何かを始めることは賞賛を浴びるが、何かを廃止することは注目されず、それを利権（存在の基盤）としている人たちの不満を生む。東京オリンピックが中止できない理由は、そこにあるのだと思う。

この原稿を書いている令和3年5月13日、東京は第3次緊急事態宣言のまっただ中だ。高齢者に優先のワクチン接種の予約も取れていない。会社への通勤が制限され、飲食店への入店が制限されている。隣の人に語りかけるのが制限される時代に、なぜ、世界から人々を呼び込み、変異ウイルスを呼び込む必要があるのか。そもそも、なぜオリンピックを開催する必要があるのか。オリンピックで日本をアピールしてもインバウンド需要が回復するわけではない。

おそらく世界が笑っている。仮に、ロンドンやパリでオリンピックを開催する場合なら、早々とジョンソン首相やマクロン大統領はオリンピックの中止を宣言している。国際オリンピック委員会のバッハ会長でさえ「正直申し上げて、来日は非常に厳しいのではないかと思う」という状況だ（日本経済新聞令和3年5月

8日朝刊）。

人口比では米国の25分の1という死亡者しか発生していないのに医療崩壊する脆弱な日本の医療体制。選手に感染者が出現したら、日本人に優先して、入院ベッドを確保するのか。そうしなければ日本政府は外国人選手に訴えられる。

我が家の息子と婿殿は医療関係者だが、それこそ、日々、神経を使う生活をしている。日本医療労働組合連合会書記長の森田進は「患者と看護師のいのちや健康を犠牲にしてまでオリンピック開催に固執しなければならないのかと、強い憤りを感じる」。全国の看護師の団体が声明を発表すればよいと思う。「私たちは疲弊しています」と。

オリンピックなどの非日常よりも、通学や通勤などの日常を取り戻すことを優先すべきと思う。オリンピックを開催すると言いながら、国民に自粛を要求する。そのような矛盾したメッセージは国民には届かない。どちらの指示で現状認識すべきか、若者は、戸惑っていると思う。

中止しない理由が分からない。決定が遅れれば遅れるほど政治は信頼を失う。①日本には中止する権限がない。②放映権などの利権、③全国旅行業協会会長二階俊博という存在、④多様な利権を持つ業者と政権与党の癒着。⑤先送りし、誰も決断しないという日本の政治決定のプロセス、⑥総理と都知事の政治的な駆け引き、⑦ポツダム宣言の受諾と同じように天皇の御聖断を待っている。

中止すべきは98％の常識だと思うのだが、残りの2％の意味が分からない。この本が出版される時点では結論が出ていることだが、これが歴史として記録しておくべき「日本の政治」だ。

# 第100 百箇条的な生き方

税理士新聞に声をかけていただいて始まった連載で『税理士のための百箇条』『続・税理士のための百箇条』『続々・税理士のための百箇条』として書籍化され、さらに本書の書籍化で４００番目のコラムになる。

ここで私的なことを書かせていただいてもご了解いただけると思う。いや、今まで私的なことを書き連ねてきた。私は自分で実行しないことは語らないし、語ることを実行してきた。立法趣旨に遡り、常に予備プランを準備し、知恵に走らず、常識を探し、原理原則を守る。

これが許されるのが税理士という職業だ。顧客に語ることは自分に語る事柄と同一であり、自分に語ることとは顧客に語る事柄と同一になる。弁護士、医者、会計士の知識が顧客に対し一方向に語る知識であるのに対して、税理士の知識は、顧客に対する知識であると同時に、自分自身の生活を律する知識でもある。そのこともコラムに書き、講演で語ってきた。

いま、東京丸の内で法律事務所を経営している。明治安田生命ビル17階の皇居を一望する贅沢な事務所だ。仲間と共に何冊かの書籍を執筆し、多数の講演会の講師を務めてきた。子供たちは、それぞれ独立して自分自身の家庭を築いてくれている。社会への参加、仕事、円満な家庭。それが人生における三位一体の目標と定義すれば、それらについて、それなりの成果をあげてきた。

商業高校卒で受験資格は日商簿記1級、私よりも生まれの良い人たちは星の数ほど存在し、私より優秀な人たちもいくらでも存在する。私よりお酌の上手な人たちも大量に存在する。私は人付き合いは不得手だ。欠点が多いにもかかわらず、なぜ、それなりの人生が築けたのか。私にとって一番の不思議は、私自身だ。いや、誰にとっても一番の不思議は自分自身だと思う。現状が正しいのだが、なぜ、自分自身の現状がいまこの形で存在するのか、それを説明できる人は少ない。

私にとっては、それが「百箇条的な生き方」なのだと思う。多数の出会いがあった。商業高校で商業簿記を教えてくれた遠藤浩先生、『簿記教科書』という書籍を通じて勉強の面白さを教えてくれた沼田嘉穂教授。弁護士の立ち位置と、弁護士という職業の面白さを教えてくれた畑仁弁護士。私は、その方々の言葉から生きるための知識と人生の指針を手に入れてきた。そして事務所の隣室に迎え入れてくれた本郷尚税理士。しかし、本郷尚先生は数百人の弁護士と交流があると思うが、そこから私に興味を示してくれた。ただの出会いではなく、より深い出会い。それが「百箇条的な生き方」なのだと思う。

誰でもが自分の生き方について頑固な指針を持っている。しかし、それが本人に意識されているか否か。自分自身を発見するために必要なのが「より深い出会い」。世の中には多様な人たちがいて、多様な生き方の指針がある。もし、読者が、自身の生き方と「百箇条的な生き方」を照合し、是、あるいは否と評価してくれたら嬉しい。その判断が読者自身の「百箇条的な生き方」を発見するのに役立つはずだ。税理士という仕事は、それが可能な職業なのだ。

《著者紹介》

**関根　稔**（せきね　みのる）


昭和45年　公認会計士二次試験合格
昭和45年　税理士試験合格
昭和47年　東京経済大学卒業
昭和47年　司法試験合格
昭和49年　公認会計士三次試験合格
昭和50年　司法研修所を経て弁護士登録
平成２年　東京弁護士会税務特別委員会委員長
平成４年　日弁連弁護士税制委員会委員長
税務大学校や青山学院大学大学院講師を歴任


taxMLというメーリングリストを開設し、21年間について、1日に30件から150件のメールをやり取りし、税法と税法関連業務の情報を交換し、多数の税理士事務所からも税務相談を受けるなど、税法の実務の情報が大量に集まる法律事務所を経営している。

著書に『税理士のための百箇条』『続・税理士のための百箇条』『続々・税理士のための百箇条』『相続の話をしよう』『楽しい、楽しい税理士業―税理士のための百箇条 第５弾―』『税理士の実務に役立つホットな話題』『税理士の実務に役立つクールな話題』財経詳報社、『組織再編税制をあらためて読み解く』共著・中央経済社、『相続法改正対応 税理士のための相続をめぐる民法と税法の理解』共著・ぎょうせいなど。


**税理士のコーヒータイム**―税理士のための百箇条 第４弾―

令和３年９月28日　初版発行
令和５年10月10日　第２版発行

著　者　関　根　　稔
発行者　宮　本　弘　明

発行所　株式会社　財経詳報社

〒103-0013　東京都中央区日本橋人形町1-7-10
電　話　03（3661）5266（代）
ＦＡＸ　03（3661）5268
http://www.zaik.jp
振替口座　00170-8-26500

落丁・乱丁はお取り替えいたします。　印刷・製本　平河工業社



ISBN　978-4-88177-483-0